「料理」と「ワイングラス」が決め手

プロ直伝!

家飲みワイン おいしさの新法則《セオリー》

Prologue

「今日は料理に合わせて軽い赤！」
「この間いただいた重めの白、美味しかったな」
……ひとむかし前にくらべ、ワインはいまやすっかり身近な飲み物となり、
“ワインと料理のマリアージュ”という言葉も一般的になりました。
レストランでいただく場合のみならず、
お家で気軽に、簡単な手料理に合わせる場合にも
「この料理なら、このワインかな？」……
そんなふうにカジュアルにワインが楽しまれるようになったのです。

では、ワイングラスはいかがでしょうか？
ワインのテイストから料理との合わせ方まで、
簡単なことならわかるようになったものの……
ワイングラスとワイン、ましてや料理とのマッチングまでは
考えたことがないという方が、ほとんどではないでしょうか。
だとしたら、それはとてももったいないことかもしれません。
実はワイングラスは、ワインの美味しさを
最大限に引き出してくれる頼もしいパートナーだからです。
本書では、ワインについての基礎知識はもちろんのこと、
そんなワイングラスの効用、魅力についてもたっぷりとご紹介します。
さらには簡単レシピとワイン、そしてワイングラスとのマリアージュの法則、
ワインを美味しくいただくための実用情報も盛り込みました。
本書を参考に、「ワイン×料理×ワイングラス」から生まれるエンジョイメント、
ぜひ、ご堪能いただければ幸いです！

Contents

Part 1
ワインのきほん
Wine Basics

Part 2
ワインと料理、グラスのマリアージュ
Mariage

ワインに合う簡単レシピ

MARIAGE TECHNIQUE

Part

3

ワインを楽しむ

Wine Enjoyment

この本の使い方

- 本書に登場するワイングラスやタンブラー、デカンタなどは、すべて「リーデル」のものです。
- Part2のレシピに出てくる計量は、小さじ1＝5cc、大さじ1＝15cc、1カップ＝200ccです。
- EXVオリーブオイルは、エクストラヴァージンオリーブオイルのことです。

Part

1

ワインのきほん

Wine Basics

ワインを本当に美味しく飲むために、知っておきたいことがあります。ぶどうの品種や栽培方法、造り方についてはもちろん……お家で飲むときには、ワインの個性を最大限活かすことのできるグラスとの合わせ方がいちばんの秘訣に！ それを知れば驚くほど味が変わります。

ワインの味わいは、甘み、酸味、渋みからできています

　ワインの味わいは、大きく分けて、甘み（果実味）、酸味、渋みの3つの要素が骨格となっています。いずれかのテイストが飛びぬけて強すぎると、「甘い」「酸っぱい」「渋い」という印象のみが際立ち、ワインが美味しく感じられません。3つのテイストのバランスこそが重要です。

　このバランスが崩れると、一般的に赤ワインでは「渋み」が、白ワインでは「酸味」が際立って感じやすくなります。「赤ワインは渋いから苦手」「白ワインは酸っぱくて飲みにくい」というイメージの原因はここにあるのかもしれません。逆に、この3つのテイストがしっかりと感じられつつ、絶妙なバランスを保っていることが、上質なワインのひとつの条件と言えるでしょう。

甘み
（果実味）

ぶどうに含まれる糖分量、
ぶどうの持つ果実味（フルーティーさ）によるもの。
ワインにふくよかで豊かな印象を与える大切な要素

酸味

ぶどうに含まれる、
リンゴ酸、クエン酸、コハク酸などによるもの。
ワイン（特に白ワイン）の美味しさを構成するには欠かせない要素

渋み

ぶどうに含まれるタンニンによるもの。
ワインの個性（特に赤ワイン）を左右する。
一般的に若いワインは渋みが強く、熟成されるにつれ渋みがまろやかに

ワインのボリューム感って？

Part3 77ページへ

ワインに含まれるアルコールの素となるのがぶどうの糖分です。一般的に温暖な産地ほどぶどうが熟しやすいため、糖度もアルコール度数も高いボリューム感のあるふくよかなワインが生まれます。

一方、冷涼な地域では糖度が低く酸味の強いぶどうが収穫されるので、豊かな酸味のきりりとした印象のワインに仕上がる傾向があります。

ワイン選びで迷ったら……地球儀をイメージしてみましょう。飲み応え充分のボリューム感あるワインをお好みなら、赤白ともに、赤道に近い温暖な産地生まれのものがおすすめです。

ワインの個性を特徴づける主なぶどう品種

白ワインの代表品種

シャルドネ
Chardonnay

[アロマ]
柑橘系、トロピカルフルーツ系の香りが主／樽熟成ものにはバニラなど

フランス・ブルゴーニュ地方をはじめ、イタリア・ヴェネト州、アメリカ・カリフォルニア州、オーストラリアなど、世界各地で生産される白ワインの代表品種。産地や気候、熟成法によって辛口の白をはじめ、酸味のある爽やかな白、コクのある重めの白まで、様々なテイストを生み出せることから、生産者にとっては扱いやすいニュートラルな品種として重宝されている。

ソーヴィニヨン・ブラン
Sauvignon Blanc

[アロマ]
グレープフルーツなどの柑橘系、
ツゲ、シダなどの青々とした爽快な香りが主

香りが特徴となる白ワインの代表品種。カシスの芽、ツゲ、エニシダなど、その香りはフレッシュな植物や柑橘系果実の印象に例えられることが多い。味わいは程よく酸味の効いた若々しい爽やかなテイスト。フランスのロワール川流域、ボルドー地方、イタリア、チリ、オーストラリアなど世界中で広く栽培されている。

リースリング
Riesling

[アロマ]
青りんご、マスカットなどの緑系果実の香りが主

ドイツを代表する白ワイン品種。ライン川流域、フランス・アルザス地方などが主な産地。酸味と甘み（果実味）のバランスに優れた品種であるため、辛口から極甘口の貴腐ワインまで多様なテイストの白ワインを生み出している。フルーティーな味わいが人気の品種。

ワインの個性は、ぶどう樹が育った土壌や気候、造り手（醸造法）、ぶどう品種など、
様々な要因によって形成されます。中でもぶどう品種は、
ワインの味わいの方向性を大きく左右する重要なカギ。ぶどう品種の特徴を知ることで、
そのワインがどのようなキャラクターなのかを推測することができます。
赤ワイン、白ワイン共に、代表的な品種をおさらいしておきましょう。

赤ワインの代表品種

カベルネ・ソーヴィニヨン

Cabernet Sauvignon

［アロマ］
カシス、ブラックチェリーなどの
黒系果実の香りが主

赤ワイン品種の代表選手として知られるぶどう品種。果皮が厚く丈夫なため、世界各地で生産され、栽培量でもトップクラス。果皮が厚く小粒なため、色の濃い骨格がしっかりしたワインが醸造される。産地として最も有名なのはフランスのボルドー地方。五大シャトー※の高級ワインもこの品種を中心に造られる。赤ワイン品種の王様的な存在。

ピノ・ノワール

Pinot Noir

［アロマ］
いちご、ラズベリー、チェリーなどの
赤系果実の香りが主

果皮が薄く栽培が難しいため、よく扱いの大変な女性に例えられる赤ワインぶどう品種界の高貴な存在。絹のような舌触り、複雑で官能的な香り高いワインが生まれる。カベルネ・ソーヴィニヨンに比べると色合いも澄んだ明るいワイン色に。フランス・ブルゴーニュ地方の赤ワインは主にこの品種から造られる。中でもロマネ・コンティは最高傑作として名高い。

メルロー

Merlot

［アロマ］
ラズベリーなどの赤系果実、
ブラックベリーなどの黒系果実の香りを併せ持つ

カベルネ・ソーヴィニヨンよりタンニン、酸味が穏やかな品種のため、コクを残しつつまろやかな赤ワインを造るのに適した品種。ボルドー地方では、カベルネ・ソーヴィニヨンとブレンドされ、「ボルドーブレンド」としてワイン愛好家に愛されている。

※ボルドーのトップシャトー（醸造所）である「シャトー・ラフィット・ロートシルト」「シャトー・マルゴー」「シャトー・ラトゥール」「シャトー・オー・ブリオン」「シャトー・ムートン・ロートシルト」の総称。

Wine Basics 3

ワインを美味しく飲むために大切な3条件

レストランでサーブされるワインは、なぜあれほど美味しく感じられるのでしょう。居心地のいい空間、美味しい料理、そして同席する気が置けない相手が揃っているから？ もちろんそれも欠かせないポイントですが、忘れてはならないのは、サーブする側が、ワインを美味しく飲んでもらうためのコツを心得ているからです。ワインを美味しく飲むためには、大切な条件が3つあると言われています。

1

適切な温度で飲むこと

☛ Part3 69ページへ

どれほど高価なヴィンテージもののワインでも、
温度が低すぎると
豊かな香りを楽しむことができません。
一方ですっきりとした酸味の白ワインは、
高すぎる温度では爽やかさが失われてしまいます。
赤白問わず、どんなワインも
最適な飲み頃の温度で頂くのが理想です。

保管状態がよいこと

☛ Part3 68、80ページへ

何年も前に購入したり、頂いたりしたワイン。
いざ飲もうとグラスに注いだら、お酢のような
においが鼻をつくことも。
劣化を防ぐためにも、ワインは
◎ 20℃以下で、温度変化が少ない
◎ 振動を受けにくい
◎ 直射日光の当たらない場所（環境）
での保管がおすすめです。

2

3 ワインに合ったグラスで飲むこと

赤ワインを飲むと渋みばかりを強烈に感じてしまう。
白ワインはなんだか酸っぱすぎて、美味しく楽しめない。
……その原因は間違ったグラス選びに
あったのかもしれません。
まったく同じワインでも、グラスの形状によっては、
必要以上に酸味や渋みが引き出されてしまったり、
逆に絶妙なバランスに抑えられたりするからです。
各々のワインの味わいを本来の姿で再現してくれる
ワイングラスを選びましょう。

では、なぜグラス選びが大切なのでしょう?

グラスこそが、ワインの香りや味わいを飲み手へと伝える、有効なツールだからです。

あらゆるワインが、それぞれ固有の個性を持っています。それは、人でいうところの人柄、つまりはキャラクターです。ぶどう品種、産地の土壌や気候、醸造方法など、ワインの個性を決定づける様々な要素はもちろん、味わいの骨格を決定づける、果実味、酸味、苦みや渋みなどの要素は、本来あるべき姿で再現されなければ、そのワインの魅力を最大限に楽しむことはできません。そのための大切なツールがグラスです。

様々なぶどう品種やワインの特質を充分に感じ取るためには、完璧なまでにチューニングされたグラスを使うことが重要です。口径(飲み口)の大小やすぼまりの強弱、ボウル全体のシェイプ、ボウルのふくらみ具合は、口に含まれたワインが舌の上をどのように流れていくかを決定的に左右し、舌のどの部分でワインを感じるかに影響をおよぼします。グラスの形状によって、同じワインでも味わいの印象が大きく変わってしまうのです。

[グラスのチェックポイント]

口のすぼまり具合とボウルのふくらみ具合の
- 差が少ない=すぼまりが弱い
- 差が大きい=すぼまりが強い

ワインの味は どうやって感じるの？

味を感じるメカニズム

ワインの味わいの印象を左右するのは、実は舌上でのワインの流れ方です。特に大切なポイントは、最初に舌のどの部分でワインを感じるか。さらには、その後、ワインがどのように流れていくか、という点です。

では、その流れ方を決定づけるのはグラスのどんな要素でしょう？ それは丸みを帯びた曲線が美しい「ボウルの形状」に隠されています。

例えば、すぼまりの強いボウル形状では、ワインを飲むときに自然と顔が上向きになります。このとき舌もやや「舌先上がり」の状態でワインを迎えにゆきます。ワインは最初に舌先へと導かれ、その後は滑り台を滑るように直線的に舌の中央付近だけを流れてゆくことになるのです。一方すぼまりのゆるやかなボウル形状では、ワインを口に含むとき、顔はやや水平から下向きになり、前者とは逆に「舌先下がり」の状態になります。ワインを最初に感じるのは、舌先をすこし飛び越えたあたり。その後、ワインは舌の後半部分で両サイドへと広がっていきます。

同じ赤ワインをお猪口とワイングラスで飲み比べてみてください。ワインを飲むときの姿勢、そして舌の上でのワインの流れ方の違いを、明確に感じられるはずです。お猪口で飲むと渋みを強く感じることでしょう。顔が完全に下向きの状態でワインを口に含みますから、タンニンを最も感じやすい歯茎や舌の裏側にワインが入り込んで、渋みを強烈に感じてしまうのです。また、飲み口の口径の大小は唇の形を決定づけ、ワインの流れの幅を左右します（下図参照）。

このように、グラスの形状は見た目だけでなく、ワインを味わうための重要な機能を有しているのです。

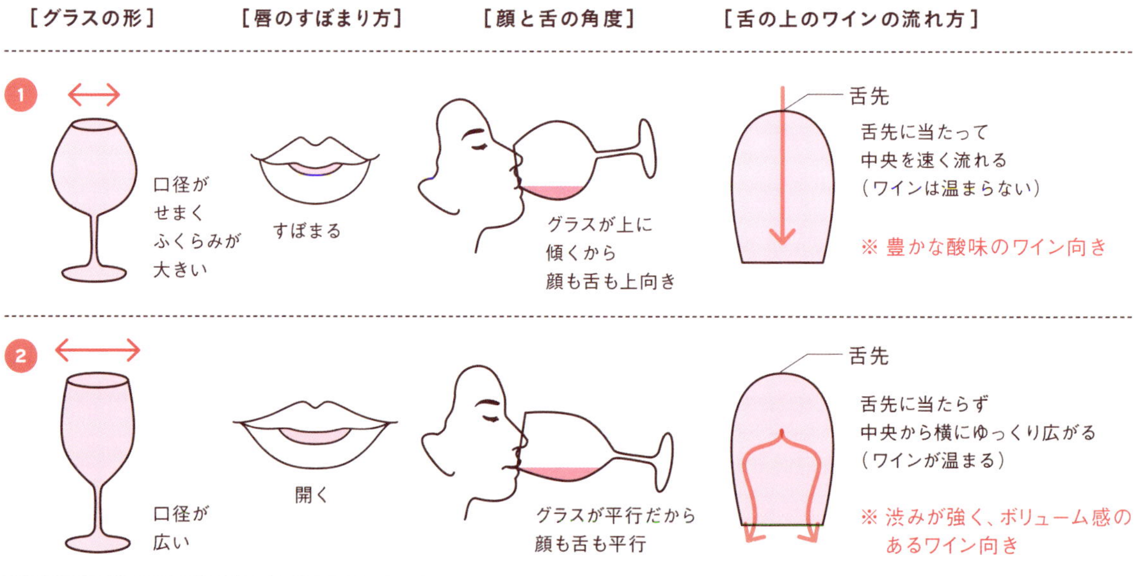

※「味を感じるメカニズム」については、解説の根拠としてリーデル社のグラス開発における感覚的経験値（形状の異なるグラス別飲み比べ等）に基づいております。ただし、舌の上の味覚の感じ方については諸説あり、科学的根拠については不確かな点もあるため、本書では特にその点について詳しく言及しておりません。

赤ワイングラスの基本は２種類

これから飲むワインがどんな味わいのタイプかをおおよそ把握した上でグラスを選ぶと、ワインをより一層美味しく味わえるでしょう。ここでは赤ワインを対象とし、２種類のグラスを例にあげてみましょう。

ふたつのグラスの飲み口の口径はほぼ同じですが、ボウルのふくらみ具合が大きく異なります。グラス全体のシェイプ（＝すぼまり具合）によって、顔の傾け方、舌の上のワインの流れ方が変わってきます。

豊かな酸味のスッキリタイプのワインには左ページ①の流れ方を導き出すすぼまりの強いグラスを。渋みが強く、ボリューミーなワインには②の流れ方を導き出すすぼまりの弱いグラスを合わせるとよいでしょう。

すぼまりが強い
⬇
ワインが舌の上を直線的に流れやすい

ボウルが大きくふくらみ、すぼまりが強い形状のため、ワインを口に含むためにはグラスを深く傾けなければなりません。顔が水平だとグラスが鼻に接触してしまうので、自然と頭は後方に預けられます（＝舌先上がりの状態）。そのため、ワインはまず舌先に導かれ、その後、滑り台を滑り落ちるように舌上を直線的に流れるのです。

すぼまりがゆるやか
⬇
ワインが舌の上をゆっくり広がる

縦長のボウル形で、飲み口が大きくすぼまりのゆるやかな形状のグラスでは、飲み手から見て、グラスが水平か若干下向きになった状態でワインを口に含むことになります。このとき、ワインはとてもゆっくりと口中に流れ込みます。顔が水平（＝舌も水平からやや舌先下がり）の状態ですので、ワインは舌先を飛び越え舌の中央付近に導かれ、舌の起伏に沿って横へと広がります。

※原則、ワイングラスの中には、お猪口のように唇が器を迎えにゆく（＝顔が下向きの状態でワインを飲む）タイプの形状はありません。

Wine Basics 5

グラスには ワインの香りを広げる 力がある

鼻をつまんでワインを飲んだことがありますか？きっと美味しく感じられなかったはずです。

香りはワインの魅力を楽しむためには不可欠の要素です。エキスパートは、ぶどうの品種や熟成度を見極めるために必要な情報の70％を、香りに負っていると言われています。ワインは"五感"を使って味わうもの。その感覚をより増幅してくれるのが、そのワインに適した形状と大きさを持つワイングラスです。グラスの形状によって、ワインの香りのボリュームや印象は大きく変わります。

なぜなら、グラスの形状には、

◎ 香りを引き出す

◎ 香りをためる

◎ 香りをときほぐす

◎ 香りを集める

という機能が備わっているからです。

香りを楽しむためには……

ワインをグラスに注ぐとき、ボウルの最もふくらんでいる位置から1～2センチ下あたりまでのラインを目安に注ぐのが理想的だと言われるのはなぜでしょうか。

理由はふたつあります。ひとつめは、グラス内に平均して5分の4以上（場合によっては90％！）の空きスペースを残すため。その空間こそ、香りをより楽しむために必要なスペースになります。もうひとつは、スワリング（Part3 74ページ参照）後に、グラス内壁に張りめぐらされる「ワインの膜」の表面積を最大化するためです。

グラス内のワインの液面とこの「ワインの膜」により、ワインと空気が接触する表面積が広がり、ワイン本来の香りが引き出されます。さらに香りはボウル内のたっぷりと余裕のある空きスペースにたまり、充分にときほぐされるのです。

また、ワインの香りは一定の幅の温度（Part3 69ページ）でのみ、本来の広がりをみせます。温度が低すぎると香りが弱められ、一方、温度が高すぎるとアルコールばかりが強調されてしまいます。

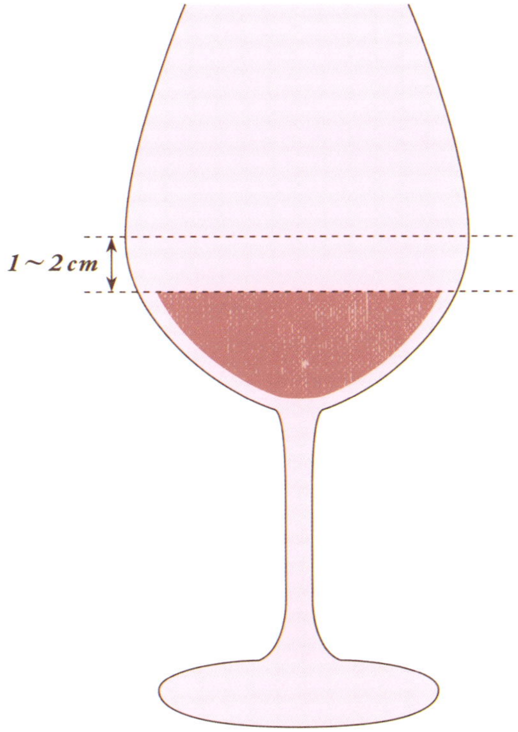

グラスにワインを注ぐと……

実はワイングラスは、カメラのフォーカス機能のような役割を持っています。各々のワインの香りの特徴をくっきりと際立たせてくれるのです。ぶどう品種別に作られたワイングラスでは、より明確にその機能を発揮してくれます。ぶどう品種の個性にフォーカスできて初めて、香りをはじめ、土壌の違い、気候の違い、ヴィンテージ（熟成度）や造り手の違いが見えてくるのです。

例えば、ピノ・ノワール種の赤ワインをグラスに注いだときに、ラズベリーなどの赤い果実系の香りを感じられなかったとしたら……それはグラスの持つフォーカス機能が働いていないということ。つまりピントが合わずに、香りがぼやけてしまっているのです。

ですから、ワインを注いだときに感じる香りから、そのワインとワイングラスの相性を推し量ることもできるのです。

ワインのタイプ（ぶどう品種）別

最適な味わいを引き出す グラスの法則

さっぱり辛口の白ワイン

［ぶどう品種］
ソーヴィニヨン・ブラン／リースリング／シャルドネ（シャブリなどの辛口）タイプ

清涼感あふれるキレのある酸味が持ち味の爽やかな辛口白ワインには、すぼまりのある、ボウル部分が縦長の中ぶりな形状のグラスが最適です。

ボウル形状とグラスのすぼまりによって、ワインは細い流れで舌先に導かれます。顔はやや上向きの状態（＝舌先上がり）ですので、舌先で一旦留まったワインは、舌の中央付近を直線的に流れやすくなっています。これにより、豊かな酸味が爽やかさをもたらしつつ、果実味の印象もきちんと残してくれるので、バランスの崩れた「ただただ酸っぱいワイン」という印象にはなりません。手の甲をイメージするなら、中指の爪先にワインがのり、そのまま細い筋となり、手首（＝のど）へと向かって一直線に流れるイメージです。

味わいだけではなく、グラスはワインの温度にも影響をもたらします。このタイプのワインは、基本的に冷やして飲むのがおすすめ。舌の上は温かいので、舌上でワインが広がりやすいグラス（14ページ②の流れ方タイプ）で飲むと、せっかく冷やしたワインが舌の温度によって温まってしまい、爽快感が失われてしまいます。舌の真ん中を直線的に流れる形状のグラスなら、ワインが温まりにくく、最適な温度で味わえます。

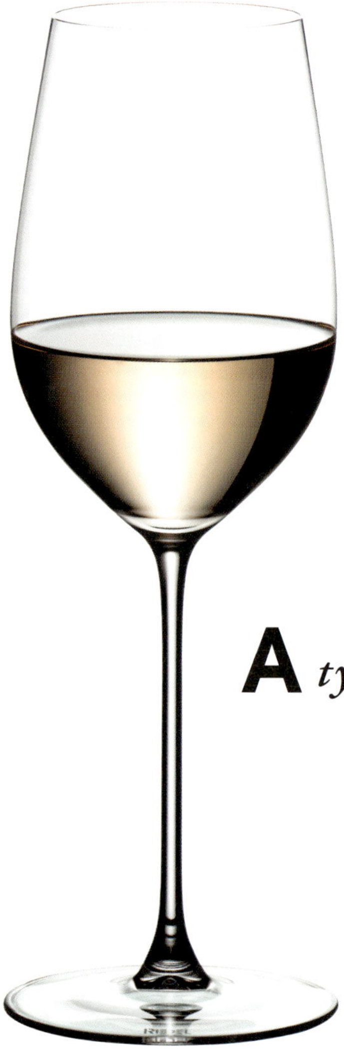

A type

赤ワインに比べて渋み（タンニン）を含まない白ワインからは、
ぶどうの甘み（果実味）、酸味がストレートに伝わってきます。
そのためこの甘み、酸味、各々の味わいを
美味しく感じられるグラスを選ぶことがとても重要です。

こってり、まろやかな白ワイン

［ぶどう品種］
シャルドネ（樽熟成）タイプ

柔らかな酸味とボリューム感が持ち味のコクのある白ワインには、すぼまりがゆるく、口広の、ボウル部分がバランスよく丸い、大ぶりな形状のグラスが最適です。

この形状のグラスは、グラスをそれほど傾けずにワインを飲むことができます。ワインを飲むときの顔の向きが水平からやや下向き加減となるので、口に含まれたワインは、舌先を飛び越え、舌全体にゆっくりと広がります。手をイメージするなら、指の部分（舌の前半部分）では、ワインを感じることはありません。ちょうど手の甲の部分にワインが広がっていくイメージです。ワインの広がりとともに、トロピカルフルーツのような厚みのある果実味と柔らかな酸味が、口内を豊かに満たしてくれるでしょう。レストランで白ワインをオーダーした際、このタイプの白ワインをこの形状のグラスでサーブされたなら、かなりグラスにこだわりのある店だと言えるかもしれません。

B *type*

赤ワインは、白ワインに比べて味わいや香りが複雑です。
赤ワインの複雑で芳醇な香りをときほぐしつつ、渋みを柔らかく感じさせてくれるのが、
赤ワイン専用のグラスです。

豊かな酸味の赤ワイン

［ぶどう品種］
ピノ・ノワール／ネッビオーロタイプ

豊かな酸味、繊細で複雑な香りと味わいのミディアムボディタイプの赤ワインには、すぼまりが強く、ボウル部分のお尻がふくらんだ大ぶりな形状のグラスが最適です。

このグラスに、右の写真のようにワインを適量注いだとしましょう。容量がとても大きくグラス全体のすぼまりが強いので、もしこのグラスを机の上に水平に寝かせたとしても、ワインはギリギリこぼれ出ないでしょう。

飲み手の顔が下向き～水平という状態ではどうでしょうか？ おそらくグラスの縁が鼻につかえてしまうため、ワインを口に含むことができなくなってしまうはず。

ですから、このグラスでワインを飲む場合には、おのずと飲み手の顔はやや上向き、舌は舌先上がりの状態になるのが自然です。ワインはまず舌先に導かれ、そこで一旦留まったのち、滑り台を滑り落ちるように、舌の中央付近を直線的に流れていきます。この流れ方により、酸味を含む爽やかな果実味の余韻がしっかりと舌先に残ります。その後、ワインの流れたあとに酸味や渋みが心地よく浮かんでくるので、酸味が強調されすぎず、ワイン全体の印象がとてもバランスよくまとまって感じられるのです。

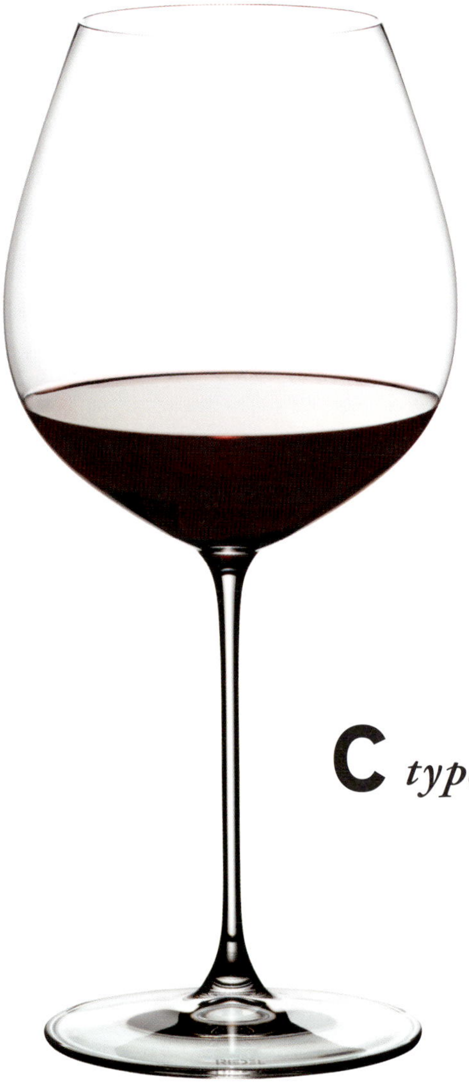

C *type*

渋みのしっかりした
赤ワイン

［ぶどう品種］
カベルネ・ソーヴィニヨン／
メルロータイプ

濃厚な果実味を持ち、酸味は穏やかながら、渋みが強い、フルボディタイプの赤ワインには、すぼまりのゆるやかな、ボウル部分が縦長の大ぶりな形状のグラスが最適です。

大ぶりなボウル形状ですが、飲み口は大きく、グラス全体のすぼまりは強くありません。そのため、ワインを飲むときの顔の向きは水平～やや下向きの状態となります。顔をあまり後方に傾けずに飲めるため、ワインは、舌先を飛び越えた舌の中央付近に導かれ、そこに一旦留まったのち、ゆったりとした流れで横方向に広がりながら、のどの奥へと消えてゆきます。このワインの流れが、舌の中央付近に濃厚な果実味の残像をしっかりと残し、もともとワインが持っている強い渋みをやわらげるように包み込むのです。ワインの流れ去ったあとには心地よい渋みも浮かび、ワイン固有の味わいのハーモニーが口中でしっとりと続きます。

D *type*

シャンパーニュには、泡だけでなく香りも楽しめるグラスがおすすめ

シャンパーニュはどんなぶどう品種から造られている？

シャンパーニュは、専用の特殊なぶどう品種ではなく、通常のワイン（スティルワイン）にも使われているぶどう品種から造られます。主な品種はピノ・ノワールとシャルドネです。発泡性かどうかは別として、同じぶどうから造られるワインですから、当然、シャンパーニュが持っている香りや味わいのポテンシャルはスティルワイン同様と考えるのが自然です。

あわせて、ご承知のとおり、シャンパーニュはフランスのシャンパーニュ地方で独自の製法により造られたものだけを指します。そのほかのスパークリングワインには、フランスではヴァン・ムスー、クレマンなど、イタリアではスプマンテ、フランチャコルタなど、ドイツではゼクト、スペインではカヴァなどと呼ばれるものがあります。

シャンパーニュおよび
スパークリングワイン

［ぶどう品種］
ピノ・ノワール ／ シャルドネ

香り豊かなシャンパーニュ、スパークリングワインには、泡を楽しみやすい「フルート型」タイプ（22ページ写真左のグラス）よりも、白ワイングラスのような、ボウルに少しふくらみのある進化型シャンパーニュグラス（右のグラス）が最適です。

薄い飲み口と絶妙なすぼまりの形状によって、シャンパーニュを口に含んだ瞬間、きめ細かい泡の刺激をソフトに感じさせてくれます。

その後、酸味やミネラル感が舌の後半部分に浮かび上がり、上質なシャンパーニュの全体像を結んでゆきます。

E type

「焼きたてのブリオッシュの香り」？

このグラスのボウルのふくらみと口のすぼまりにより、シャンパーニュ独特の香りが格段に再現されやすくなります。ボウルのふくらみ部分に“香りの部屋”ができるからです。果実系の香りはもちろん、「焼きたてのブリオッシュの香り」と表現されることの多い、瓶内二次発酵※と熟成によるシャンパーニュ独特のキャラクターが際立つのも、この形状のグラスならではです。

※瓶内二次発酵：ワインを瓶詰する際、酵母と糖分を添加すると、瓶の中でさらに発酵が起こりアルコールと炭酸ガスが発生します。その炭酸ガスが瓶内に封じ込められワインに溶け込み、特有の泡成分になる過程を瓶内二次発酵と呼びます。

Column

ロゼ・シャンパーニュには
ピノ・ノワール用の
グラスがぴったり？

食事と共にロゼ・シャンパーニュを楽しむときにおすすめしたいグラスがあります。
下の写真のような、大ぶりのピノ・ノワール用グラスです。
なぜ、ロゼ・シャンパーニュにピノ・ノワール用のグラスが合うのでしょうか？
ロゼ・シャンパーニュには、ピノ・ノワール（黒ぶどう）主体で造られているものが多くあります。
華やかな香りと、肉付きのよいしっかりとした骨格を持つロゼ・シャンパーニュは、
大きな容量のグラス（約790cc）の中でこそ、最高のパフォーマンスを見せてくれるのです。

「ピノ・ノワール主体のシャンパーニュ」
↓
「ピノ・ノワール用グラス」

この使い方は、シャンパーニュにはスリムな形状のグラスという常識を超えて、シャンパーニュの楽しみ方の選択肢を広げます。

従来の細身のフルートグラスでは感じにくかった、ロゼ・シャンパーニュ特有のチェリーやオレンジピールを思わせる華やかな香りを引き立てるための大きなボウル容量はもちろん、1cmほど煙突状に上に伸びた飲み口の形状により、シャンパーニュがとてもやさしく舌先に導かれ、特有のきめの細かい泡を心地よく感じることができるのです。

豊かな香りと味わいを引き出すピノ・ノワール用のグラスを使えば、シャンパーニュが食事と共に楽しめる「ワイン」に変貌します。

Part
2
ワインと料理、グラスのマリアージュ
Mariage

ワインとそれを活かすグラス、そして料理は、お互いを美味しく引き立て合うための大切なパートナー。ワインとグラスを知り尽くしたプロが、ベストマッチな料理をご紹介。ご家庭で手に入りやすい材料で、作りやすいレシピをお教えいたします。

MARIAGE

ワイン×料理×ワイングラス マリアージュの基本

ワインは古くから料理と合わせて楽しむお酒として、食卓には欠かせない存在でした。
料理に合わせてワインを味わう場合、ワインはあくまで料理のサポート役。
そこで悩んでしまいがちなのが、食卓にのる一皿と相性のよいワインの組み合わせ方です。
実は、料理とワインの「マリアージュ」(フランス語で"結婚"の意) の法則は、
ポイントさえ押さえておけば、それほど難しいものではありません。
その際、最後のグラス選びにも抜かりなく。
せっかく料理の味を引き立てるワインを選んだとしても、
グラス選びでワインの味わいを引き出せなくなってしまっては残念な結果になりかねません。

マリアージュのポイントは?

香り　味わい　質感

3つのうち、どれかひとつでも料理とワインとの間に共通点を探してみましょう。
3つのポイントがすべてマッチングすれば、それは素晴らしいマリアージュとなります。

例えば、

香り：まいたけやしいたけのソテーには、きのこの香りを漂わす熟成した赤ワインを
味わい：レモンなど柑橘系の味わいが特徴の料理には、酸味の豊かな辛口白ワインを
質感：クリーミーな料理には、とろみのある白ワインを

気をつけたい点は、料理の味わい(テイスト) よりも強い味わいのワインを選ばないことです。

例えば、ささみの梅肉和えなど、鶏のささみをさっぱりした味つけでまとめた料理に、渋みの強い重めの赤ワインを合わせると、ワインのテイストが料理の味わいに打ち勝ってしまいます。料理の味わいがワインの味わいに負けないよう、味わいの強さを意識したマリアージュにすることが大切です。

ワインを楽しむ4つの法則

まずは料理。次にワイン。さらにはワインの味を引き出す名脇役、グラスの存在もお忘れなく。
基本となる法則は以下の4つです。グラスのA～Dタイプは18～21ページに対応しています。

爽やかな酸味が特徴の魚料理
×
さっぱり辛口の白ワイン × **A** タイプ

クリーミーなリッチテイストの料理
×
こってり、まろやかな白ワイン × **B** タイプ

繊細な酸味、香りを活かした料理
×
豊かな酸味の赤ワイン × **C** タイプ

濃厚な肉料理
×
渋みのしっかりした赤ワイン × **D** タイプ

MARIAGE : 1

爽やかな酸味が特徴の魚料理

×

さっぱり辛口の白ワイン

×

A タイプのグラス

ライムや柚子など柑橘系の酸を効かせた、爽やかな味わいのアクアパッツァやカルパッチョなどの白身魚の料理。もしくはレモンをギュッと搾った生がきに合わせるなら、柑橘類の香り、味わいを持つさっぱり辛口の白ワインを。酸味とミネラルの相乗効果を楽しめます。ボウル部分が縦長の中ぶりなＡタイプ（ソーヴィニヨン・ブラン／リースリング／シャルドネ・シャブリなどの辛口タイプ）のグラスがおすすめです。

［料理例］

カラマリのフリット 青柚子の香り

※カラマリcalamari はイタリア語で「いか」のこと

このマリアージュのポイントは、「柑橘系の酸味と香り」です。
料理とワインをつなぐ橋渡し的役割を担ってくれます。
酸味にもいろいろなテイストがありますが、
ソーヴィニヨン・ブラン種の持つ酸味は、ライムやレモン、グレープフルーツなど
グリーンイエロー系の柑橘類の酸味です。青柚子の爽やかな酸味は、
柑橘系の果実の香りをまとい、シャープな酸味を持つ辛口白ワインとの相性が抜群です。
コルテーゼ種やリースリング種などもいいでしょう。

材料（4人分）
剣先いか（小）……5はい
青柚子……1個
塩・こしょう……各少々
小麦粉・片栗粉……各大さじ5
オリーブオイル……適量

作り方

1 いかは腹わたと皮を取り除き、胴は輪切りに、ゲソも適当な長さに切り、よく洗ってキッチンペーパーでしっかり水分を拭き取る。
2 ビニール袋に小麦粉と片栗粉を入れ、混ぜ合わせる。
3 1に塩とこしょうをふり、2の衣をつける。180℃に熱したオリーブオイルでカリッと揚げ、器に盛る。
4 仕上げに青柚子の皮と塩を軽くふり、くし形に切った青柚子を添える。ギュッと搾っていただく。

GAVI

MARIAGE：2

クリーミーな
リッチテイストの料理

×

こってり、まろやかな白ワイン

×

Bタイプのグラス

帆立のソテーや海老のグラタンなど、魚介類をバターやクリームを使い濃厚に仕上げた料理に合わせるなら、オーク樽で熟成され、ナッツの香ばしさやバニラ風味を感じさせる濃厚な白ワインを。ボウル部分の丸い大ぶりなBタイプ（シャルドネ・樽熟成タイプ）のグラスで楽しむのがおすすめです。料理のクリーミーな質感とワインの持つとろみが絶妙なハーモニーを奏でます。

［料理例］

帆立のソルトバター焼き

このマリアージュのポイントは、「リッチな甘み、香ばしさ」による相乗効果です。
料理では、帆立の持つ甘みに、グリルすることで香ばしさを、
さらにはバターの風味をまとわせます。
そんな一皿に、樽熟成させたシャルドネ種のこってりまろやかなタイプの
ワインを合わせましょう。トロピカルフルーツを思わせる甘く濃厚な味わいと
焦がしたカラメルのような香ばしさが、
バター風味の料理の味わいを一層豊かにします。

材料（2人分）

帆立貝柱……4個
EXVオリーブオイル……適量
バター……10ｇ
塩……少々
ローズマリー……適量
ピンクペッパー（手でつぶす）・
　ブラックペッパー（粗びき）……各少々
飾り用ローズマリー（フレッシュ）……1枝

作り方

1 帆立貝柱は水分を拭き取り、焼く直前に両面に塩をふっておく。
2 フライパンにEXVオリーブオイルをひき、ローズマリーを入れ、弱火で香りを引き出す。
3 ローズマリーを引き上げ、やや強火にして帆立を並べて焼き付ける。裏返したらバターを入れ、焼き色をつける。
4 皿に帆立を盛り、ピンクペッパー、ブラックペッパー、**3**のローズマリー、フライパンに残ったバターソースを少々かける。フレッシュのローズマリーをのせる。

MARIAGE：3

繊細な酸味、
香りを活かした料理

×

豊かな酸味の赤ワイン

×

Cタイプのグラス

鶏や豚などの白身のお肉、果物などの素材を活かし、ハーブや香辛料、まろやかなヴィネガーを使って仕上げた淡白な味わいの料理に合わせるなら、赤系果実の香りを持つ豊かな酸味の赤ワインを。料理とワイン、各々の持つ繊細で複雑な芳香と豊かな酸味が見事に調和します。大ぶりでしっかりとしたすぼまりのあるCタイプ（ピノ・ノワール／ネッビオーロタイプ）のグラスを合わせましょう。

［料理例］

いちごのスープ

このマリアージュのポイントは「赤系果実の酸味と香り」です。
前菜にぴったりないちごのオードブルスープ。
食事として楽しむために、あえて砂糖は使いません。
酸味のしっかりとした「とちおとめ」などの品種が最適です。
合わせるのは、同じ赤系果実の香りが際立つ、渋み（タンニン）の少ない
豊かな酸味の赤ワイン。いちごの果実味とワインのフレッシュな酸味が絶妙に重なり合い、
心地よく食欲を刺激してくれます。
ピノ・ノワール種のほかに、ボージョレを造る渋みの少ないガメイ種もおすすめ。

材料（4人分）
いちご……2パック
レモン汁……½個分
白ワインヴィネガー……大さじ2
塩……少々
EXVオリーブオイル……少々
生ハム・バジルの葉・レモンの皮……各適量
お好みでバルサミコ酢……適量

作り方
1. いちごはよく洗ってヘタを取り除く。
2. ミキサーに1、レモン汁、白ワインヴィネガー、塩を入れてよく攪拌する。
3. 器に入れ、EXVオリーブオイルをかけ、生ハム、バジルの葉、レモンの皮をのせる。お好みでバルサミコ酢をかけてもよい。

MARIAGE：4

濃厚な肉料理

×

渋みのしっかりした赤ワイン

×

Dタイプのグラス

グリルした牛ステーキや鶏レバーの赤ワイン煮、ビーフシチューなど、複雑で濃厚な味わいの料理には、渋みのしっかりとした重めの赤ワインがよく合います。肉と脂の旨みが、渋み（タンニン）の強い赤ワインと溶け合う一方、余分な脂分をリセットしてくれます。大ぶりでゆったりとした、すぼまりのゆるやかなDタイプ（カベルネ・ソーヴィニヨン／メルロータイプ）のグラスがおすすめです。

［料理例］

和牛ステーキのミントナッツソース

このマリアージュのポイントは「素材の強さ×渋みの強さ」です。
「お肉には赤ワイン」というマリアージュの定番ともいえる鉄則……。
ワインを嗜まない人でも一度は耳にしたことがあるでしょう。
牛肉のステーキは多くの鉄分、脂分を含み、
料理の素材の中でも強い味わいの個性を持っています。
その強さに負けないワインこそ、渋み（タンニン）のしっかりした
カベルネ・ソーヴィニヨン主体の赤ワイン。王道の組み合わせです。
もうひとつ、香りの共通点というマリアージュもあります。
カベルネ・ソーヴィニヨン種はミントの香りを含む点が特徴的。
ソースにミントを加えることで、相乗効果のハーモニーが生まれます。

材料（2人分）

和牛ステーキ肉……180ｇ
牛脂（ヘット）……適量
スペアミントの葉……15枚ほど
アーモンド（食塩不使用）……30ｇ
EXVオリーブオイル……大さじ3
塩・こしょう……各少々
お好みで添え野菜……適量

作り方

1. ステーキ肉は焼く30分前に冷蔵庫から出し、常温に戻す。
2. アーモンドはザクザクとした歯ごたえがしっかり残るように砕き、ミントは細かく刻む。これらにEXVオリーブオイルと塩を加え、よく混ぜてソースを作る。
3. 1に塩、こしょうをふる。フライパンを強火にかけ、牛脂を入れて脂が出たらステーキ肉をお好みの焼き加減で焼く。切り分けて器に盛り、2のソースをかけ、野菜を添える。

MARIAGE：5

シャンパーニュはどんな料理とも相性よし

×

Eタイプのグラス

ちょっとかしこまった席や、乾杯のシーンでなにかと重宝されるシャンパーニュ、そして熟成期間の比較的長めなスパークリングワイン。実は、食中酒の中でも、比較的どんな料理にも合わせやすい万能選手です。特にシャンパーニュは瓶内二次発酵(Part1 23ページ)による熟成により、旨みが増すだけでなく、ミネラルと酸など味わいの複雑味もふくらむので、相性のいい料理の守備範囲が広がるのです。

［料理例］

ミニトマトのオーブン焼き

このマリアージュのポイントは「ミネラル(塩)」です。
酸味と甘みを持つミニトマトに
オリーブオイルと塩をかけただけのシンプルな料理。
シャンパーニュの産地、シャンパーニュ地方の土壌は、
石灰質を多く含むので、良質のミネラル分が豊富です。
そのため、シャンパーニュにはミネラルと酸によるバランスのよい骨格が形成され、
素材を活かしミネラルをアクセントにした
シンプルな料理と素直に寄り添うことができるのです。

材料(2人分)
ミニトマト……2パック
EXVオリーブオイル……少々
塩……少々
バジルの葉……少々

作り方
1 ミニトマトはヘタを取り、縦半分に切る。
2 天板にオーブンシートを敷き、トマト同士がつかないように並べ、予熱なしで110℃のオーブンに入れ、90分焼く。
3 仕上げにEXVオリーブオイルと塩をかけ、バジルの葉を飾る。

RECIPES FOR WINE

ワインに合う簡単レシピ

ワインとグラス、そして美味しい料理があれば、家飲みの時間がもっと豊かになります。
家族の食卓、人が集うテーブル。おうちで作りやすくて美味しくて、もちろんワインに合う
数々のレシピを「リーデル」グラスエデュケイターの白水 健さんに教わります。

グラスサラダ　いよかんドレッシング

best!
A
辛白

何気ないサラダですが、ホームパーティーなら
ワインタンブラーに一人分ずつお出しする演出をしてみてはいかがですか？
ガラスなら、色とりどりの野菜の色彩を目で見て楽しむこともできます。
爽やかないよかんでライトテイストのドレッシングに。爽やかな白ワインとどうぞ。

材料（4人分）
ミニトマト（縦に半割り）……1パック分
うずらの卵（ゆでたもの、半割り）……4個分
にんじん（せん切り）……1本分
赤玉ねぎ（薄切り）……1個分
ヤングコーン（1cm幅に切る）……12本分
ラディッシュ（薄い輪切り）……8個分
ルッコラなどの葉野菜（食べやすくちぎる）……適量
スモークサーモン……180g
黒オリーブ（輪切り）……12個分
○いよかんドレッシング
いよかん※……2個
玉ねぎ（薄切り）……1/4個分
ケイパー（刻む）……適量
塩……少々
EXVオリーブオイル……大さじ3
白ワインヴィネガー……大さじ2

※夏みかんやはっさく、グレープフルーツなど、お好みの柑橘類でもよい。

作り方
1 ドレッシングを作る。いよかんは薄皮をむいて果肉を取り出し、ミキサーに入れて回す。玉ねぎ、EXVオリーブオイル、白ワインヴィネガーも加えて回し（A）、ボウルに出して、ケイパーと塩で味をととのえる。
2 ワインタンブラーに、まず1のドレッシングを入れ、にんじんなど堅い野菜を入れる。ミニトマト、黒オリーブ、サーモン、ヤングコーンなどをお好みで重ねて層にして詰め（B）、最後に葉野菜をのせる。
3 食卓で、皿に出していただく（C・D）。

Advice
サーモンの代わりに、鶏肉やハム、かにや海老を入れても美味。ワインは爽やかなリースリングやソーヴィニヨン・ブラン、日本ワインの代表ぶどう品種、甲州のワインを合わせてもいいでしょう。

best!

A

辛白

そら豆のアペタイザー2種

そら豆はさっとゆでるだけでも美味しい
食材ですが、ひと手間かけると華やかで
ワインにピッタリなメニューに変身。
まずはキリッと冷やしたフレッシュで軽やかな
白ワインを楽しむときの、
おつまみ2種をご紹介します。
おもてなしには、一皿に盛り合わせて
お出しするとおしゃれな演出になりますよ。
スープは冷やして冷製にしても。

そら豆のスープ カプチーノ仕立て

材料（4人分）
そら豆※……さやつきで300gほど
玉ねぎ（薄切り）……中½個分
セロリ（薄切り）……½本分
牛乳……100cc
生クリーム……100cc
水……200cc
バター……15g
塩……適量
固形ブイヨン……½個
牛乳（カプチーノ用）……少々
ディル……少々

※冷凍でもよい。

作り方

1 そら豆をさやから出し、塩ゆでして薄皮をむく。
2 鍋にバターを入れて中火にかけ、軽く溶けたら玉ねぎ、セロリを入れて炒める。しんなりしてきたら水と固形ブイヨンを加え、軟らかくなるまで煮る。
3 ミキサーに1と2を入れ、よく攪拌する。回りにくければ牛乳(分量外)を少々加える。鍋に移し、牛乳と生クリームを入れて沸かし、塩少々で味をととのえる。
4 器に入れ、カプチーノ用牛乳をミルクホイッパーで泡状にしてスープにのせ、ディルを飾る。

焼きそら豆とパルミジャーノのスティックパイ

材料（3～4人分）
そら豆……さやつきで6～8本
冷凍パイシート……1枚
パルミジャーノ・レッジャーノ（粉末）……適量
塩……適量

作り方

1 魚焼きグリルにそら豆をさやつきのままのせ、中火でさやの両面に焼き目がつくまで焼く。
2 冷凍パイシートを解凍し、フォークで穴を開け、全体にパルミジャーノ・レッジャーノをふり、1.5㎝幅に切る。200℃に予熱したオーブンで15分焼く。
3 1と2を器に盛り合わせ、塩を添える。

Advice

そら豆やハーブと見事に調和するのは、グリーンでフレッシュな香りを持つ軽やかな白ワイン。キリッと冷やして、白ワインらしい爽快感と共に楽しみましょう。ここでは日本のワイン、山梨で造られた「甲州 シュール・リー」を合わせました。軽やかな酸とほのかな果実の甘みが、そら豆の風味を引き立ててくれます。

パイナップルでカルパッチョ！

best!
A 辛白
B まろやか白

5分で作れるフルーツの簡単オードブルをご紹介。デザートではなく、前菜としてキリッと冷えた白ワインとどうぞ。パイナップルの甘酸っぱさにバジルの香り、ピンクペッパーがアクセント。初夏から初秋にかけての、暑い日にぴったりのレシピです。できるだけ甘いパイナップルを使うとgood！

材料（2人分）

パイナップル※……1/4個
バジルの葉……少量
EXVオリーブオイル……大さじ4
酢……小さじ1
塩……適量
お好みでピンクペッパー……適量

※酸味の少ない完熟タイプがベター。
　パックに入ったカットパインでもOK。

作り方

1 パイナップルを輪切りまたはひと口大に切り分け、バジルの葉は飾り用に少し取りおき、適当な大きさに刻む。
2 ボウルにEXVオリーブオイル、酢、塩、1のバジルの葉を入れ、よく混ぜ合わせる。
3 2に1のパイナップルを入れてあえ、皿に盛る。お好みでピンクペッパーを手でつぶしながらトッピングし、バジルの葉を添える。

Advice

ぜひ軽やかな白ワインとどうぞ。パイナップルのような黄金色が美しい、ミュスカ種を使ったやや甘口の白ワインも合います。ミュスカはマスカットの別名。マスカットそのままのニュアンスや、オレンジ、マーマレードのような魅惑的な甘い香りに、ビターなアクセントもまとった官能的なワインです。果実味や酸、ミネラルの心地よいバランスが楽しめます。どちらも、キリッと冷やして楽しんでください。

フレッシュの
ホワイトアスパラガスが出回る
4月から6月にぜひ作りたい、
ワインによく合う一皿。
上手にゆでると、食べたときに口に
あふれんばかりのジュースが広がります。
その美味しさを存分に味わうため、
シンプルに、
卵黄とバター、白ワインヴィネガーで作る
ソースでどうぞ。
キンと冷えた爽やかな白ワインが
よく合います。

ホワイトアスパラガス オランデーズソース

材料（2～3人分）
ホワイトアスパラガス
……6本（お好みの本数）
レモン汁……¼個分
お好みでピンクペッパー……少々
○オランデーズソース
卵黄……1個
バター（食塩不使用）……50g
白ワイン……小さじ2
水……小さじ2
レモン汁……小さじ1
白ワインヴィネガー※……小さじ1
塩……少々

※普通の酢でも可。

作り方
1 アスパラガスを下記の方法でゆでる。
2 ソースを作る。バターを小さい耐熱ボウルに入れて電子レンジにかけて溶かす。
3 ボウルに卵黄を入れ、湯煎しながら混ぜる。白ワインと水を加え、白っぽくなるまでしっかりと混ぜ、2 の溶かしバターを5回に分け、加えては混ぜることを繰り返す。湯煎からはずし、レモン汁とヴィネガー、塩を加えてよく混ぜる。
4 器に 1 を並べ、3 をかける。お好みでピンクペッパーを散らす。

◎ホワイトアスパラガスのゆで方
1 ホワイトアスパラガスの根元を1～2cmほど切り落とし、穂先の下からピーラーで皮を厚めにむく。
2 アスパラガスが入る大きさの鍋に湯を沸かし、1 の根元と皮、レモン汁を入れる。2分ほどしたらアスパラガスの穂先を持って下半分を浸け、3分ほどゆでる。穂先まで湯に入れてさらに5分ほどゆでる（写真）。ゆで上がりの目安は、太い部分に竹串が通るくらい。ざるに取り、自然に冷ます。

※ホワイトアスパラガスの皮には、香りの成分が多く含まれているので、皮を一緒にゆでると風味がアップ！　レモン汁は白さをより際立たせます。アスパラガスの太さや鮮度によってゆで時間は調整してください。新鮮なものは苦みが少ないので短時間でOKです。

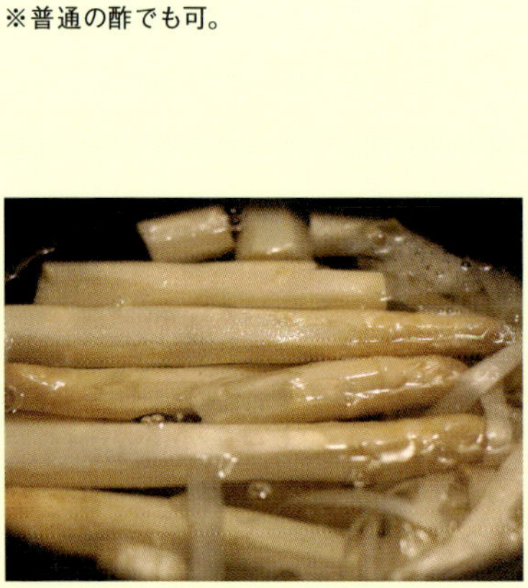

Advice
淡味でジューシー、軽く苦みと甘みのあるホワイトアスパラガスには、リースリングやソーヴィニヨン・ブランなど、ミネラル感を適度に持つ白ワインがおすすめ。コクのあるオランデーズソースとアクセントとなるピンクペッパーのスパイシーさが、冷えた白ワインとよく合います。

ホワイトアスパラガスのベーコン巻き

best!
A
辛白

春から初夏にかけて出回るみずみずしいホワイトアスパラガス。
ベーコンを巻いて焼いた香ばしさと半熟卵のコク。
軽やかな白ワインの中でも、フレッシュなりんごやジャスミンのような白い花の香りをまとった辛口リースリングとの相性は抜群です。少し冷やしめにしてどうぞ。

材料（2人分）
ホワイトアスパラガス※……6本
レモン汁……½個分
ベーコン……6枚
ベビーリーフ……少々
パルミジャーノ・レッジャーノ（粉末）……適量
黒こしょう……少々
サラダ油……適量
卵……2個
酢……大さじ4

※グリーンアスパラガスで作っても美味しい。

作り方
1 ホワイトアスパラガスは42ページの方法でゆでる。
2 ポーチ・ド・エッグを作る。フライパンに水1ℓ（分量外）を沸かし、酢を入れる。小鉢に卵を割り、湯にやさしく落とし、黄身を包み込むように白身でおおう（A）。卵白が白くなったらそっと取り出す。
3 1にベーコンをそれぞれ巻きつける。フライパンでサラダ油を熱し、こんがりと焼く（B）。
4 皿にベビーリーフを盛り、3、2を順にのせ、たっぷりのパルミジャーノ・レッジャーノと黒こしょうをかける。

Advice

もとはフランス・アルザス地方やドイツで造られていた品種、リースリング。いまでは様々な地方で生産され、辛口から甘口まで、味のキャラクターも幅広くなっています。この料理には、ぜひ辛口を。高い酸度と繊細な味わいを持つので、実は合わせる料理の調理法を選びますが、このレシピなら簡単に作れて、相性もバッチリ！

A

B

真鯛のアクアパッツァ

best! A 辛白　best! A ロゼ

アクアパッツァとは、新鮮な魚介をトマトやにんにく、ケイパー、香草などと一緒に煮込む南イタリアの料理。もともとは獲れたての魚や貝を海水で煮る、豪快な漁師料理です。今回は魚介の風味を凝縮させるため、水は使わずワインだけで蒸し焼きにしています。よく冷やした軽やかな白ワインやロゼワインと合わせてどうぞ。

材料（4人分）

真鯛（切り身）[※1]……4切れ
あさり……20個
ムール貝[※2]……8個
にんにく（みじん切り）……$\frac{1}{2}$かけ分
ケイパー……20g
グリーンオリーブ……30個ほど
ミディトマト……8個
白ワイン……200cc
ディル……適量
イタリアンパセリ……適量
EXVオリーブオイル……適量
塩……少々

※1　ほかの白身魚でもよい。
※2　ムール貝がなければ、あさりを増やす。

作り方

1 バットに塩分濃度約3％の塩水（水1ℓに塩大さじ2）を入れ、あさりを並べて充分に砂抜きし、殻をこすり合わせ、汚れを落とす。ムール貝も殻をこすり合わせて汚れを落とし、付着物を取り除く。

2 鯛の切り身に軽く塩をふる。フライパンにオリーブオイルをひき、皮を下にして入れ、皮がカリッとするまで両面を焼く。空いたスペースににんにくを入れ、焦がさないよう注意しながら香りを出す。あさりとムール貝を入れ、白ワインを注ぎ、蓋をする。

3 ケイパー、グリーンオリーブ、ディル、ミディトマトを加え、再び蓋をし、貝類の殻が開いたらでき上がり（A）。皿に盛り、イタリアンパセリを散らす。

Advice

地中海料理には、キリッと冷えたロゼワインも合いますね。ここでは南仏プロヴァンスの比較的ドライなタイプのロゼを合わせました。やさしいピンクの果実味、爽やかな酸とシャープなミネラル感が、魚介のミネラルやハーブの爽やかさ、火を入れたトマトからの甘み、にんにく、オリーブなどとよく合います。20分ぐらいで作れる簡単料理ですが、見た目が華やかなので、準備に時間がないときのパーティーにも重宝します。

バジル&トマト&チーズ・スコーン

お家はもちろん、アウトドアでのワイン会にもピッタリなおつまみ、スコーンをご紹介。持ち運びが楽で、状態が変わらず、そして前日に作っておけるこの便利なおつまみは、合わせるワインを選ばない気軽さも魅力。白ワインも赤ワインも、スパークリングも、そして桜の時季なら同じ桜色のロゼワインと合わせてもいいでしょう。

材料（6個分）

○**生地**

強力粉……200g
塩……ひとつまみ
砂糖……30g
ベーキングパウダー……小さじ1½
生クリーム※1……200cc

○**具材**

乾燥バジル……適量
セミドライトマト……適量
ホワイトチェダーチーズ（さいの目に切る）※2……適量

○**トッピング**

黒オリーブ（輪切り）……6〜7個分
パルミジャーノ・レッジャーノ（粉末）……適量

※1　冷蔵庫で冷やしておく。※2　お好みのチーズでOK。

作り方

1 生地を作る。強力粉をふるいにかけてボウルに入れ、他の材料をすべて加えてよく混ぜ合わせる。

2 **1**に具材を加えて、手でよくこねて丸くまとめ、放射状に6等分にする。黒オリーブをのせ、パルミジャーノ・レッジャーノをふりかける。

3 200℃に予熱しておいたオーブンで20分焼く。

Advice

具材の組み合わせはアイディアしだい！　ほかに「くるみとブルーチーズ」や「ベーコンと玉ねぎ、黒こしょう」などを具材にするのもおすすめです。生地は同じでかまいません。アウトドアで楽しむなら、ステム（脚）のないグラスを選んでは？　屋外では、どのワインも冷やしめにして注ぐとよいでしょう。

カリフラワーと帆立のムース

best!
B
まろやか白

最近デパートなどで出回っている、カラフルなカリフラワーを生かしたかわいい一皿をご紹介。
ワインタンブラーに入れると、素敵なおもてなしの演出になります。
ムースには帆立貝柱も合わせ、リッチな味わいに。同じくリッチなテイストの白ワインと
相性抜群の前菜に仕上がります。大人数のパーティーなら、色違いで何色か作ってもおしゃれです。

材料（2～3人分）
カリフラワー（お好みの色で）……1株
牛乳……300cc
生クリーム……50cc
粉ゼラチン……3g
帆立貝柱（刺身用）……12個
塩……適量
芽ねぎ……少々

作り方
1. カリフラワーは小房に分けて下ゆでする。
2. 鍋に**1**と牛乳を入れ、軟らかくなるまで煮て、そのまま冷ます。
3. 帆立貝柱をさっと湯にくぐらせる。そのうち10個をミキサーに入れ、**2**のカリフラワーも入れる。**2**のゆで汁を少しずつ加えて調整しながら、なめらかになるまで攪拌する。
4. **3**を鍋に移して弱火にかけ、沸いたら粉ゼラチンと塩を入れて混ぜ溶かす。すぐに火を止め、粗熱をとり、ボウルに移す。生クリームを八分立てにしてふんわりと混ぜ合わせ、冷蔵庫で冷やす。
5. **4**を器に入れ、細かく切った帆立貝柱2個分と芽ねぎを飾る。

Advice
クリーミーでコクのある前菜なので、ワインは少し樽香の効いた、ふくよかなブルゴーニュ地方のシャルドネと好相性に。口当たりが柔らかでコクがあり、またブルゴーニュらしいミネラル感が芽ねぎなど野菜のミネラルともマッチして、最高のマリアージュを楽しめます。

焼きなすの冷製ムース

best!
B
まろやか白

スモーキーで香ばしい香りが食欲をそそる焼きなすを、ふんわり口溶けのよいムースに。
少し樽香の効いたリッチで柔らかなコクのある白ワインとのマリアージュは抜群です！
口当たりなめらかで、作り方も簡単。初夏から秋口にかけてのワインのおつまみにおすすめです。

材料（4人分）
なす……3本
生クリーム……120cc
コンソメ（粉末）……少々
粉ゼラチン……5g
塩……少々
かにの身……少量
いくら……少量
ディル……少量

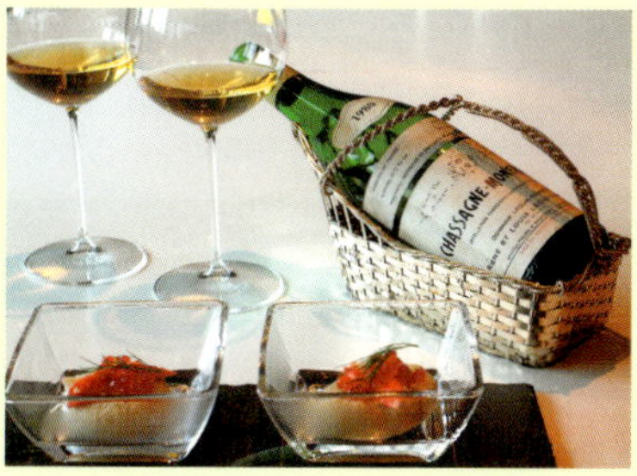

作り方

1 焼きなすを作る。皮に縦に数本切り目を入れ、お尻からヘタに向かって真ん中に箸を刺し、穴を開ける。魚焼きグリルで、全面に焼き色がついて押すと水分がにじみ出るくらいまで焼く。取り出し、すぐに皮をむいて冷ましておく（A）。
2 生クリーム100ccをボウルに入れ、七分立てにする。
3 ミキサーに1、コンソメ、粉ゼラチン、塩、生クリーム20ccを入れて、よく攪拌する。ボウルに移して2と3をふんわりと混ぜ合わせ、バットなどに流して冷蔵庫でよく冷やす。
4 3をスプーンですくって器に盛り、かにの身といくら、ディルをのせる（B）。

Advice

樽香の効いた、リッチで柔らかなコクのあるシャルドネがおすすめ。黄金色のワインからは、上質なバターや軽くローストしたヘーゼルナッツ、ほのかなはちみつなど、複雑で奥行きのある香りが漂います。その味わいを楽しむためには、冷やしすぎないのがポイント。12～14℃程度がよいでしょう。

ポークリエット

best!
C
酸赤

ワインがすすむよう、ポークリエットにハーブやスパイスを入れてアレンジ。
軽く焼いたバゲットにのせて食べればカリカリの食感も楽しめます。
ワインのおつまみの定番です。

材料（作りやすい分量）
豚バラ薄切り肉……400 g
玉ねぎ（薄切り）……中1個分
白ワイン……250cc
水……200cc
ローリエ……1枚
セージの葉……5枚
塩……小さじ1
シナモン、クローブ、ナツメグ……各少々（お好みで）
フランスパン（薄切り）……適量
お好みでマイクロトマト、ピクルスなど……適量
黒こしょう（ひきたて）……適量

作り方
1 鍋に白ワインと水を入れ、玉ねぎ、豚バラ肉、ローリエ、セージの葉を加え、火にかける。アクを取りながら、水分がなくなるまで約40分煮込む。
2 煮汁がほとんどなくなったら塩、シナモン、クローブ、ナツメグを加え、よく混ぜ合わせて火を止め、そのまま冷ます。
3 ローリエを取り除き、残りを煮汁ごとフードプロセッサーにかけ、なめらかにする。
4 器に盛り、フランスパンを添える。マイクロトマトやピクルスの輪切りを飾る。黒こしょうをふる。

Advice
フランス・ブルゴーニュ地方を代表するピノ・ノワールの味わいに含まれるスパイス感を、リエットに加えています。マイクロトマトやピクルスなど、酸味のあるものと合わせることでワインと同調し、相性がさらによくなります。

自家製パテ・ド・カンパーニュ

ワインでおもてなしをするとき、お客様が来る日は何かとあわただしくて……。
そんな場合は、あらかじめ余裕があるときに作っておけて、できたてよりもむしろ日数が経ったほうが美味しい、
赤ワインにぴったりな一皿をご紹介。ビストロなどでも定番のこの料理、簡単に作れます。
パテに合わせるパンがあれば、ワインが一層すすみます！

材料
(18㎝×8㎝のパウンド型1本分)
鶏レバー……200g
鶏ひき肉……200g
豚ひき肉……300g
卵……1個
玉ねぎ(薄切り)……½個分
スライスベーコン……7～8枚
ピスタチオ……15粒ほど
セロリ(薄切り)……⅓本分
エシャロット(薄切り)
……3～4個
にんにく(つぶす)……1かけ分
ローリエ……3枚
タイム……10枚ほど
ローズマリー……2枚
EXVオリーブオイル……適量
塩……適量
ポルト酒※……適量
黒こしょう、マスタード、クレソン
……お好みで

※ブランデーでもよい。

作り方

1 鶏レバーを血抜きしてバットに入れ、ポルト酒をふり、にんにく、ローリエ1枚、タイム3枝、ローズマリー1枝をからませて冷蔵庫で一晩寝かす。
2 鍋にオリーブオイルを熱し、玉ねぎ、セロリ、エシャロットを入れて炒める。油がまわったら**1**を香草ごと加え、レバーの表面に薄く焼き色がついたら水400cc(分量外)を加え、水分がとぶまで煮る。火を止めてそのまま冷ます。
3 ローリエ、タイム、ローズマリーを取り除き、フードプロセッサーにかけてなめらかにする。
4 ボウルに鶏ひき肉、豚ひき肉、**3**、卵、塩を入れて、粘りが出るまでよく混ぜる。
5 パウンド型にベーコンを敷き、**4**を半分程度入れて塗り広げ、ピスタチオをのせる。残りの**4**を入れて塗り広げ、ベーコンで蓋をし、残りのローリエ、タイム、ローズマリーをのせる。天板にのせ、天板に水を張って、180℃に予熱したオーブンで60～70分ほど蒸し焼きにする。
6 焼き上がったら取り出して冷まし、皿などで重しをし、冷蔵庫へ入れる。すぐ食べてもよいが、3～4日後のほうが味が引き締まってさらに美味。
7 切って器に盛り、黒こしょうをふり、マスタードを添える。クレソンを飾る。

Advice
ここではカシス入りのマスタードを添え、赤ワイン、特にピノ・ノワールや南仏の軽めの赤ワインなどとの相性をより一層よくしています。

帆立とレモンクリームのタリアテッレ

best!
C
酸赤

「タリアテッレ」は、北イタリア・ボローニャ地方の平打ちパスタ。
レモンの皮をたっぷり使ったこの料理には、程よい果実の甘みと酸味が特徴の赤ワイン、
カリフォルニアのピノ・ノワールがよく合います。レモンの爽やかな酸味とワインの酸、
レモンの皮の苦みと赤ワインの渋み、これらが口の中で調和し、エレガントな大人のマリアージュに。

材料（4人分）
レモン（防カビ剤不使用）※ ……2個
生クリーム……200cc
バター……60g
平打ちパスタ（タリアテッレ）……320g
帆立貝柱（刺身用。ひと口大に切る）……6個分
パルミジャーノ・レッジャーノ（粉末）……200g
バジルの葉……少々
塩……少々
黒こしょう（粗びき）……少々

※特に国産がおすすめ。完熟してから収穫するので、輸入品より糖度が平均で1～2度高いといわれる。皮の香りも素晴らしく、食べても安全。

作り方
1 レモンの果汁を搾り、皮をすりおろす。
2 鍋にたっぷりの湯を沸かし、1％の塩（分量外）を加え、タリアテッレ（A）をゆでる。
3 フライパンにバターと生クリームを入れ、中火にかける。フツフツと煮立ってきたら弱火にし、1を加える（レモンの皮は仕上げ用に少し残す）。ボウルに移す。
4 パスタがゆで上がったら湯きりし、3に入れる。帆立貝柱とパルミジャーノ・レッジャーノ150gも入れ、手早くソースをからませる（B）。味をみて、塩で味をととのえる。
5 皿に盛り、残りのパルミジャーノ・レッジャーノ、レモンの皮、粗びき黒こしょうをふり、バジルの葉を飾る。

Advice
バターや生クリーム、チーズを使うので、濃厚な味わいを想像するかもしれませんが、レモン果汁やレモンピールをたっぷり使っているため、濃厚な味わいの中にも爽やかさが感じられます。重くない赤ワインを合わせるのがよいでしょう。

きのこのリゾット

best!

渋赤

近年では、デパートなどでフランス産のきのこなどが手に入るようになりました。
それらをふんだんに使ったリゾットのレシピをご紹介します。
ここで合わせた赤ワインは、熟成したカリフォルニアのメルロー。
腐葉土など、土を思わせる香りを持つワインですから、きのことの相性もバッチリ。

材料（4人分）

セップ茸（ポルチーニ）、トランペット茸、
ピエ・ブルー、
ブラウンマッシュルームなど※
……合わせて600g
にんにく（みじん切り）……1かけ分
エシャロット（みじん切り）……2個分
米……1合
白ワイン……100cc
ブイヨン……1.5ℓほど
パルミジャーノ・レッジャーノ（粉末）
……大さじ3
EXVオリーブオイル……適量
バター……15g
塩……適量

※お好みのきのこでよい。

作り方

1 きのこをそれぞれ掃除する。600gのうち200gはみじん切りにし、残り400gのうちセップ茸、トランペット茸、ブラウンマッシュルームは食べやすい大きさに切る。

2 鍋にバターを入れて中火にかけ、軽く溶けたら**1**の食べやすい大きさに切ったもの（400g）を入れてソテーし、バターをからませ、塩をひとふりする。

3 別の鍋にオリーブオイルとにんにく、エシャロットを入れて火にかけ、炒めて香りを出す。みじん切りにしたきのこ200gを加え、さらに炒める。米を加え、焦がさないように炒め、オイルをしっかりしみ込ませる。

4 **3**に白ワインを加えて混ぜ、水分がなくなったらブイヨンを少しずつ加えながら煮て、好みの堅さになったら火を止める。パルミジャーノ・レッジャーノと塩少々で味をととのえる。器に盛り、**2**のきのこをのせ、オリーブオイルを回しかける。

Advice

ここで使ったきのこはどれも、旨みがあって、バターとの相性も抜群。新鮮なマッシュルームは、傘が開いていなくて触るとしっかりしているのが特徴です。熟成したメルローは旨みが凝縮し、きのこの旨みともよく合います。ほかにブルゴーニュのピノ・ノワールも好相性。

赤ワインを使った豚の角煮

best!
D
渋赤

ワインを楽しむパーティーメニューの主役に、赤ワイン風味の豚の角煮はいかがですか？
時間がかかって難しそうですが、圧力鍋を使えば簡単。シナモンやスターアニス、山椒のスパイスが香り、
メープルシロップの甘みでしっかり味のついた旨みたっぷりの角煮には、
タンニンたっぷり、果実味たっぷりのフルボディタイプの赤ワインを。

材料（作りやすい分量）
豚バラかたまり肉……800ｇ
長ねぎ……青い部分1本分
しょうが（薄切り）……1片分
水……2カップ
ゆで卵（殻をむいたもの）……4個
万願寺とうがらし※……8本
粉山椒……適量
粒マスタード……適量
A
赤ワイン……150cc
水……1カップ
しょうゆ……大さじ4
メープルシロップ……大さじ2
スターアニス（八角）……1個
シナモンスティック……1本

※ししとうでもよい。

作り方
1 豚バラ肉をかたまりのまま、油をひかずにフライパンで表面を焼き付け（A）、ざるに取り、ぬるま湯で表面の脂を洗い流す。
2 圧力鍋に1と水、長ねぎ、しょうがを入れて強火にかけ、分銅が揺れてきたら弱火にして20分、火を止めて5分蒸らす（普通の鍋で作るなら、肉にかぶる位の水を鍋に入れ、中火で竹串がすっと入るくらいまでじっくり煮る（B）。水が減ったらそのつど肉にかぶるまで足す）。
3 豚バラ肉を取り出し、キッチンペーパーで表面の脂と水分を拭き取り、8等分に切り分ける。
4 別の鍋にAを入れて火にかけ、沸騰し始めたら3とゆで卵を入れ、落とし蓋をし、約25分弱火で煮て味をしみ込ませる（C）。
5 4を器に盛り、万願寺とうがらしを魚焼きグリルで素焼きして付け合わせにし、角煮に粉山椒をふる。お好みで粒マスタードをつけて食べる。

Advice
ニューワールド（チリ、カリフォルニア、オーストラリアなどの温暖な生産地）の果実味たっぷり、フルボディタイプを選ぶのがポイント。カベルネ・ソーヴィニヨンを主体にしたものがおすすめです。豚肉と脂の旨みがしっかりしたタンニンと溶け合い、砂糖の代わりに使ったメープルシロップのカラメル具合と豊かな果実味が調和します。最後に粉山椒をたっぷりかけていただきます。

A

B

C

ミニトマトとマスカルポーネのカラフル・タルト

最近出回っている、様々な色のミニトマトを使った宝石のようなタルト。
もちろん赤色だけで作っても。マスカルポーネチーズや生ハムを使った
タルト・サレ(塩味のタルト)は、パーティーのおつまみにもぴったり。
あらかじめ作って冷やしておき、よく冷えたワインと召し上がれ!

材料(18cmタルト型1台分)

ミニトマト(お好みの色で)
……30～40個ほど
マスカルポーネチーズ※……250g
生ハム……80gほど
生クリーム……100cc
ディル……少々
赤ワインヴィネガー……大さじ1
塩……適量

○タルト生地

小麦粉(ふるっておく)……150g
砂糖……10g
卵黄……1個
バター……70g
塩……ひとつまみ
白ごま……少々

※クリームチーズでも代用可。

作り方

1. タルト生地を作る。バターを室温に戻し、ボウルに入れて泡立て器でクリーム状になるまで混ぜる。砂糖を加えてふんわりするまで混ぜ、卵黄を加えさらに混ぜる。小麦粉と塩、白ごまを加え、ゴムベラでさっくりと混ぜ合わせ、手でひとまとめにする。ラップに生地をのせ、上からもラップをかぶせてはさみ、手で平たくのばす。
2. タルト台に**1**をラップをはずして敷き、フォークで空気穴を開ける。生地の上にオーブンペーパーを敷き、アルミ製重しをのせる。
3. 180℃に予熱したオーブンで15分焼き、重しをはずして5分焼く。取り出して冷ましておく。
4. ボウルにマスカルポーネチーズを入れ、泡立て器でクリーム状にする。別のボウルで生クリームを八分立てにし、マスカルポーネチーズ、ディル、塩少々を加えてふんわりと混ぜ合わせる。
5. **3**のタルト台に**4**のクリームを薄く塗り、生ハムを敷き詰める。クリームをさらに塗り広げ(A)、冷蔵庫で1時間程冷やす。
6. 冷やしている間に、具の準備をする。ミニトマトの皮を湯むきする。
7. 小鍋に水100cc(分量外)、赤ワインヴィネガー、塩少々を入れて弱火にかけ、少し煮詰めてから冷ます。
8. **5**の上に**6**のミニトマトを並べ(B)、その上に刷毛で**7**を塗り、冷蔵庫でよく冷やす。

A

B

Advice

よく冷やしたシャンパーニュを合わせて、パーティーのアペタイザーにするのが最高! トマトとシャンパーニュに共通するミネラル感と、シャンパーニュの軽いトースト香とタルト生地の香ばしさ、クリーミーな泡とハーブの効いたクリームチーズのコンビネーションがよく合います。そのほかキリッと冷やしたさっぱりめの白ワインに合わせたり、少し冷やした軽めの赤ワインやピノ・ノワールを合わせるのもいいでしょう。タルトはよく冷やしてあるので、クリスタルのプレートにのせると、さらに涼しさが演出できます。

洋風てまりずし

ホームパーティーのアペタイザーにもなるひと口サイズのおすしをご紹介。
マッチングのポイントは糖分の少ない「赤米」と、すし酢に
「白ワインヴィネガー」を使うこと。ヴィネガーとワインの酸味がよく合います。
そのため白、赤、ロゼ、シャンパーニュ、いずれのワインとも好相性ですが、
キリッとした酸を持つ軽やかなワインがよいでしょう。

材料（18個分）

○**すし飯**

米……3合
赤米……大さじ5
白ワインヴィネガー……大さじ4
砂糖……大さじ2
塩……小さじ1
昆布……5cm×5cm

○**具材（お好みで）**

ズッキーニのマリネ（薄切り）、
パルミジャーノ・レッジャーノ、
黒オリーブ（輪切り）、アボカド、
ミディトマト（糖度の高いもの。薄切り）、
蒸し鶏（市販品）、バジルペースト、ローズマリー、
ローストビーフ、ガーリックチップ、
サーモン、いくら、ディル、
鴨のスモーク（市販品）、芽ねぎ、帆立貝柱（刺身用）、
レモンの皮、岩塩、焼きたけのこ、
アンチョビフィレ、クレソン、ゆで海老、ゆでそら豆

作り方

1 米をとぎ、ざるに上げて30分おく。ボウルに白ワインヴィネガー、砂糖、塩を混ぜて、すし酢を作っておく。

2 炊飯器に**1**の米を入れ、赤米、表面を拭き取った昆布を加え、水540ccを入れて炊く。

3 炊き上がったら昆布を取り除き、飯台にご飯を移し、**1**のすし酢を回しかけ、混ぜる。18等分して、ラップにのせて一つずつ丸くまとめる。

4 まな板に新しいラップを敷き、お好みの具材を並べ、その上に**3**をラップをはずして一つずつのせて包み、茶巾絞りのようにして丸く形を整える（A、B）。

Advice

シャンパーニュなら、酸が穏やかなルイ・ロデレールのスタンダード・キュヴェがよく合います。白ワインならソーヴィニヨン・ブランやリースリング。赤ワインなら、タンニンの少ないピノ・ノワール。よく冷えた軽やかなロゼもよいでしょう。

あさりとはまぐりの
贅沢シャンパーニュ蒸し

あさりとはまぐりの定番料理といえば、酒蒸し。
ここではシャンパーニュにも合うように、贅沢にシャンパーニュで蒸しています。
海のミネラルと、シャンパーニュのミネラルの共演。
上品な香りが漂う、ワインのための一皿です。

材料（3～4人分）

あさりとはまぐり……合わせて600g
EXVオリーブオイル……適量
にんにく（みじん切り）……1かけ分
イタリアンパセリ……少々
シャンパーニュ※……100～150cc
レモン……お好みで
塩……お好みで

※なければ白ワインで。

作り方

1 バットに塩分濃度約3％の塩水（水1ℓに塩大さじ2）を入れ、あさりを並べて充分に砂抜きする。
2 鍋にオリーブオイルとにんにくを入れて火にかけ、香りが出るまで炒める。あさりとはまぐりを加えて油を回し（A）、イタリアンパセリを散らす。シャンパーニュを加えて蓋をし、強火にしてときどき鍋をゆすって蒸し煮にする（B）。
3 器に盛り、お好みでレモンや塩でいただく。

Advice

この料理には、シャンパーニュやスパークリングワイン、軽やかな白ワインがおすすめ。あさりの砂抜きはぜひバットで。ボウルを使うと、重なった上のあさりが出した砂を下のあさりが吸うことがあります。

焼きりんご シャンパーニュ風味

シャンパーニュ

食事の締めくくりには、砂糖もバターも使わない、ワインに合うとてもヘルシーなデザートはいかがですか？ ミントやりんご、ナッツの香ばしいアロマを持つピノ・ノワール主体のシャンパーニュで香りをつけているので、何にも増して、シャンパーニュと合わせるのが最高！
仕上げに飾るミントも一緒にいただくと、よりシャンパーニュとの一体感が生まれます。

材料（4個分）
りんご※ ……4個
クリームチーズ ……120g
シャンパーニュ ……大さじ4
シナモンスティック（2等分する）……2本分
ミント ……適量

※砂糖もバターも使わないので、「ふじ」のように甘みのある品種がおすすめ。

作り方
1 りんごの芯をナイフとスプーンでくり抜き（A）、それぞれにシャンパーニュを注ぎ（B）、りんごに風味をつける。
2 ボウルにクリームチーズを入れ、クリーム状になるまで混ぜる。1の穴の上まで詰め、シナモンスティックを半分ほど挿す（C）。表面全体に楊枝で穴をあける。
3 180℃に予熱しておいたオーブンで30分焼き（D）、仕上げにミントを飾る。

Advice
焼くことで自然な甘みが増したりんごに、クリームチーズのコクが重なり、たまりません。ほのかなシナモンの香りとミントの爽やかさも合わさり、シャンパンとの絶妙なマリアージュが楽しめます。

Column

簡単！自家製サングリア

サングリアはスペイン・アンダルシア地方発祥の、気軽なワインカクテル。ベストな状態ではないワインを美味しく飲めるように工夫したのが始まり、といわれるように、飲み頃がすぎたワインやお手頃ワインでも、とっても簡単に作れます。赤ワインにフルーツやシナモンを入れるだけなのに、見た目も華やかに仕上がります。ワインラバーのためのパーティーカクテルです。

材料（作りやすい分量）

赤ワイン……1本（750cc）
パイナップル…… 1/4個
キウイフルーツ……1個
オレンジ……1個
白桃……1個
ブルーベリー……1パック
レモン（防カビ剤不使用）※
……1個
ライム（半分は搾って、残りは飾りに使用）
……1個
シナモンパウダー……少々
スターアニス（八角）……2個
はちみつ……大さじ1

※防カビ剤不使用のものが手に入らなければ、皮を取り除いて使う。

作り方

1 パイナップル、キウイフルーツ、白桃は皮をむいてひと口大に切る。オレンジは皮をむいてくし形切りにする。ブルーベリーはよく洗って水気を拭き取る。レモンは輪切りにし、ライムは2等分し、半分は果汁を搾り、もう半分はくし形切りにする。

2 ピッチャーやデカンタに、1の切り分けたフルーツ、はちみつ、シナモンパウダー、スターアニスを入れ、ワインを注ぎ入れて混ぜ合わせ、冷蔵庫で半日～1日寝かす。

3 冷やしたりグラスに氷を入れて、お好みの温度で楽しむ。

Advice

パンチのあるスパイスが加わるので、ワインは果実感のあるオーストラリアのシラーズや、飲み応えのあるカベルネ・ソーヴィニヨンがおすすめ。ワインがスパイスに負けず、バランスが取れますよ。スパイスやハーブの量はお好みで加減してください。ワイングラスでいただけば、フレッシュなフルーツの香りからスパイスの香りまで、様々なアロマを楽しむことも。ステム（脚）なしのタンブラータイプのワイングラスなら、カジュアルな雰囲気を演出できます。

○保存について

生の果物を使っているので、清潔な瓶に入れて冷蔵庫に保存し、2～3日のうちに飲みきりましょう。

○使ったフルーツは大人のジャムに！

鍋に、ピッチャーに残ったフルーツとその重量の40%量の砂糖を入れ、弱火にかける。20～30分煮詰めれば、スパイスやハーブ、そしてワインの香る、素敵な大人のコンフィチュール（ジャム）に。翌朝はトーストやヨーグルトにのせて、贅沢な朝食を楽しみましょう。

もっと知りたいマリアージュQ＆A

知っておくと便利なマリアージュの法則…… 他にもいくつかご紹介しておきましょう。

Q

ワインの産地つながりで料理を合わせると相性がいいって本当？

A ワインは元々、その土地その土地に根づいて生まれてきた地酒のような側面を持っています。例えばフランスのブルゴーニュ地方の郷土料理「ブフ・ブルギニヨン」（牛肉の赤ワイン煮込み）は、食卓で飲み残したワインを使って生まれた家庭料理の典型です。合わせるならもちろんブルゴーニュ産の赤ワイン。その土地で育まれた地元食材と、その土地の土壌（テロワール）から造られたワインには、おのずとよい相性が生まれます。

Q

渋みのしっかりしたフルボディの赤ワイン、タンニンの渋みが強すぎて……

A 温度調節のワンテクニックで、渋みの強いフルボディタイプの赤ワインのタンニンを抑えることができます。温度を少し高めることでワインの持つ果実味が増す一方、タンニンが柔らかく感じられるようになります。逆に、タンニンはワインの温度が低いと強く感じられる傾向があります。思ったよりワインの渋みが強いな、と感じたら、デカンタを使用して温度を上げ（上限は20℃未満）、タンニンをまろやかにするとよいでしょう。空気に触れ合うことでワインを開かせる一工夫としても。

Q

料理とワインのマリアージュ。ワインのアルコール度数との関係は？

A ワインのアルコールの強さは、料理との相性にも深く関係します。

- 「アルコール度数が高い（14度前後）」
  とろみのある、しっかりした味付けのソースやかみ応えのある食材が最適
- 「アルコール度数が低い（12度前後）」
  あっさりしたソースや淡白な味わいの食材が最適

Q

スパイスの効いた料理が好みです。赤ワイン、白ワイン、相性がいいのは？

A スパイス＝香辛料といっても様々なタイプがあるので一概には言えませんが、おおむね、黒こしょうや山椒など、ピリッとスパイシーな香辛料を使った料理には、赤ワインがよく合います。なぜなら、赤ワインには香辛料の香りを含むものが多いからです。ジビエ料理やスパイスの効いた料理には、赤ワインの中でもスパイシーで程よいタンニンを持ったシラー種主体のフルボディタイプがよく合います。また、アジアンスパイシーなエスニック料理などには、シャンパーニュやフルーティーなタイプのロゼ、果実味を感じさせながらもスパイシーさを併せ持つゲヴュルツトラミネール種（アルザス地方）やヴィオニエ種（ローヌ地方）の白ワインもおすすめです。

with Cheese

MARIAGE TECHNIQUE : 1

チーズとワインのマリアージュ

ワインにとって、手軽に用意することができる最も相性のいいパートナー。
それがチーズです。
ヨーロッパでは、小さな片田舎にも村独自のチーズがあります。
人々は、その土地ごとに、風土から生まれた地方特産のワインとチーズを食卓に並べ、
そのマリアージュを楽しんできたのです。
ここでは、チーズを大きく6タイプに分けて、ワインとの相性をご紹介します。

合わせ方のポイント

◆ 同じ産地、またはできるだけ近い産地同士で合わせる

料理とワインの組み合わせと同様に、チーズとワインも、同じ産地のものは香りや味わいが似ているなど、共通点を多く持ちます。ですから、安心して組み合わせることのできるマリアージュです。

例えば、
熟成したコンテ（ハードタイプ）のように、ナッツ風味を持つチーズには
- ジュラ地方※（コンテチーズの生産地）の白ワイン
- 樽熟成の香り豊かなシャルドネ種、シュナン・ブラン種（ロワール）の白ワイン

※フランスとスイスの国境に近い山岳地帯がジュラ地方。6年以上熟成させて造られる黄ワインなど、個性的なワインを生み出す名産地です。

◆ 熟成度合いで合わせる

チーズもワインも長期間熟成すると風味が増してきます。
熟成の若いチーズには赤、白共にフレッシュな軽めのワインがおすすめです。
一方、長く熟成させたチーズには、樽熟成させたとろみのある白ワインや
フルボディタイプの赤ワインを合わせるとよいでしょう。

○ フレッシュタイプや白カビタイプのような、ソフトでプレーンなチーズ …… フレッシュかつフルーティーなワイン
○ 青カビタイプのような個性の強いチーズ …… 樽熟成された重めの白ワインや、甘口ワインなどコクのあるワイン

気をつけたいワンポイント

渋みのしっかりした赤ワイン × 酸味の強いチーズ

タンニンと酸味は相反するので、この組み合わせは避け、
渋みをやわらげるクリーミーな脂肪分の多いチーズ、塩気や旨みの濃いチーズを合わせましょう。

フレッシュタイプ

モッツァレッラ、リコッタ、
クリームチーズ、
マスカルポーネ等

リコッタ

モッツァレッラ

熟成させず、チーズ作りの初期工程で完成させた
生まれたてのタイプ。水分が多く軟らかな食感が特徴。
ほのかな酸味のクセのないマイルドなテイスト。

※乳脂肪分（ミルク、クリーム分）の多いチーズは、
基本的にどんなワインにも合います。万能チーズとも呼べる存在です。

- 酸味の豊かなリースリング種の白ワイン
- 渋みのあるカベルネ・ソーヴィニヨン種の赤ワイン
- シャンパーニュ

白カビタイプ

カマンベール、
ブリー・ド・モー、
ヌーシャテル等

カマンベール

ブリー・ド・モー

表面を白カビで覆い、カビの層を作ることで熟成させる。
なめらかでクリーミーなテイストが特徴。
熟成が進むとコクが増し、トロトロの舌触りに。

- 黄色味の強い樽熟成による柔らかな酸味の
  シャルドネ種、ローヌ系品種の白ワイン
- ピノ・ノワール種などの軽めの赤ワイン
- メルロー種などのなめらかなミディアムタイプの赤ワイン

青カビタイプ

ロックフォール、
スティルトン、
ゴルゴンゾーラ等

ロックフォール

ゴルゴンゾーラ

チーズの中に青カビを増殖させ、熟成させる。
ブルーチーズとも呼ばれる。ピリッとした青カビの刺激が特徴。
塩分の強い濃厚な味わい。

- セミヨン種などから造られた甘口の貴腐ワイン、
  ソーテルヌの白ワイン
  ※よく知られたマリアージュの定番のひとつ。塩辛さと甘さという
  正反対の味覚をかけあわせて生まれる絶妙な味のハーモニーです。
- 甘口赤ワインのポートワイン（特にスティルトンとの相性は◎）

シェーブルタイプ

クロタン・ド・
シャヴィニョル、
サント＝モール・
ド・トゥーレーヌ等

クロタン・ド・
シャヴィニョル

サント＝モール・ド・トゥーレーヌ

やぎの乳で作るチーズで、独特の香りと酸味が特徴の
個性的なチーズ。熟成期間が短いものはクリーミー。
熟成が深まるとコクや旨みが出てくる。

- ソーヴィニヨン・ブラン種などのフレッシュな酸味の軽めの白ワイン
- ピノ・ノワール種などの軽めの赤ワイン

セミハードタイプ

ミモレット、ゴーダ、
チェダー、
サムソー等

ミモレット

ゴーダ

製造工程はハードタイプと同様だが、水分量をやや多めに
残した半硬質タイプ。口当たりのよいマイルドな味わい。

- ソーヴィニヨン・ブラン種などのさっぱり辛口の白ワイン
- ピノ・ノワール種、ガメイ種（ボージョレ）などの軽めの赤ワイン
- 柔らかな渋みのメルロー種の赤ワイン（ゴーダとの相性はとくに◎）

ハードタイプ

パルミジャーノ・レッジャーノ、
コンテ、エメンタール等

パルミジャーノ・
レッジャーノ

エメンタール

保存性を高めるため水分を抜き、熟成させる。
長く熟成させたものは旨みが増し、
ナッツのような香ばしい味わいに。

- チーズの旨みと相性のよい樽熟成によるシャルドネ種の白ワイン
- 渋みのあるカベルネ・ソーヴィニヨン種、
  シラー種などの重めの赤ワイン

with Japanese food

MARIAGE TECHNIQUE : 2

和食とワインのマリアージュ

今や、日本料理店でワインを見かけるシーンは少しも珍しくなくなりました。
2013年に、和食がユネスコ無形文化遺産に登録されて以来、
和食とワインのマリアージュはなお一層注目されているように感じます。

合わせ方のポイント

◆ しょうゆを使った料理なら……

ボルドーワインの中でもカベルネ・ソーヴィニヨン種とメルロー種がバランスよく混合されたような、ミディアムボディ(Part3 77ページ参照) の赤ワインがおすすめです。相性をさらによくするためのワンテクニックも伝授しておきましょう。例えば、赤身の刺身とマリアージュさせる場合、しょうゆに合わせたい赤ワインを少量たらします。すき焼きの割り下にも赤ワインを加えることで、相性度はよりアップするはずです。

◆ 塩味のさっぱりとした料理なら……

爽やかなソーヴィニヨン・ブラン種の辛口白ワインがおすすめです。焼き魚や天ぷらを塩でいただく際、柚子やレモンを搾ったりすると、白ワインの酸味と柑橘類の香りが相乗効果をもたらし、素材の味をより引き出してくれます。

◆ みそを使った料理なら……

日本産、穏やかな酸味の柑橘系アロマを持つ甲州種のワインがおすすめです。中でも山梨の地元料理「ほうとう」(みそベースの太麺煮込みうどん) との相性は抜群です。白みそには白ワイン、赤みそには赤ワインという説もありますが、赤白(合わせみそにも) 両方のみそに合うのが適度なコクのあるロゼワインです。逆にみそ料理の隠し味にもワインは最適。さばのみそ煮には赤ワインを、なすや大根のみそ田楽には白ワインを少量加えるだけでワインとの相性がグンと増します。

◆ だしの効いた料理なら……

シャンパーニュやスパークリングワインがおすすめです。スパークリングワインは、瓶の中で熟成する段階で旨み成分のアミノ酸を多く含むようになります。おでんや煮物など旨みたっぷりのだしが効いた料理とは、実はとても相性がいいのです。そのほか、ほのかに甘酸っぱさを漂わせるリースリング種の白ワイン、ガメイ種の軽やかでフルーティーなボージョレ(赤) ワインともよく合います。

ピノ・ノワール種のワインと合わせるなら？

ポン酢を使った料理なら、ピノ・ノワール種の酸味の効いた軽めの赤ワインがおすすめです。ポン酢の持つ爽やかな酸味と赤ワインの酸味がお互いの味わいを引き立て合い、料理の持ち味を引き出してくれるはず。同じくピノ・ノワール種の果実味豊かなカリフォルニアの赤ワインには、香ばしく焼いて甘辛いタレでいただくうなぎの蒲焼きも好相性。うなぎの白焼きにわさびと塩をのせれば、シャンパーニュとマッチします。

with Chocolate

MARIAGE TECHNIQUE : 3

チョコレートとワインの美味しい法則

チーズとワインの好相性はワイン愛好家にはよく知られているところです。
さて、チョコレートとワインとなるといかがでしょう？

合わせ方のポイント

◆ ビターチョコレート

まずはカカオ含有率の高い(60％以上) ビターチョコレート。

カベルネ・ソーヴィニヨン種の渋めの赤ワインと、ピノ・ノワール種の酸味の豊かな赤ワインでマッチングのよさを比べてみましょう。前者の渋めの赤ワインと組み合わせると、チョコレートのビターな甘みとワインの濃厚な果実味と、しなやかなタンニンが一体となって、口中にいつまでも深い余韻が残ります。ところが後者の酸味の豊かな赤ワインと組み合わせると、ワインとチョコレートの味わいが別々に主張しすぎるきらいがあります。むしろワインの酸味が際立ってしまって、とても心地よい後味に、とはいきません。

◆ ホワイトチョコレート

では、まったりした甘みの濃いホワイトチョコレートはどうでしょうか。ビターチョコレートやミルクチョコレートは好物でも、ホワイトチョコレートはその甘さが苦手であまり口にしないという方もいらっしゃるかもしれません。

ところが、このホワイトチョコレート、合わせるワインによっては絶妙なマリアージュを見せてくれるのです。

マリアージュの法則に当てはめるなら、一見、こってりまろやかな白ワインと相性がよさそうなのですが、意外にもベストマッチングを成立させるのは、豊かな酸味のピノ・ノワール種の赤ワイン。口中を満たしてゆくチョコレートのバニラの甘い香りに、ピノ・ノワールの持つ果実の風味が混ざり合い、何とも言えない甘酸っぱいアロマが鼻腔を刺激してくれるはずです。

この組み合わせは避けたい。ミスマッチングなマリアージュ

料理を美味しくいただきながら、ワインをひと口含んだ瞬間……、
せっかくの味わいを台無しにされた、という残念な経験、お持ちの方も多いでしょう。
料理とワイン。ベストマッチングのマリアージュがある一方、願わくば避けたい、
というミスマッチングな組み合わせもあります。

● 酸の強いワイン × クリーミーな料理

例）シャブリとクリームシチュー

ブルゴーニュ地方のシャブリ村で造られるシャブリは、シャルドネ種を使ったキリッとした酸味が特徴の辛口ワインの代表選手。一方、クリームシチューは乳成分を多く使った料理です。牛乳にレモン果汁を注ぐと、酸（クエン酸）が分離するのをご覧になったことがあるでしょう。乳成分と酸は、原則、相性がよくありません。なるべくなら、避けたい組み合わせです。

● 酸の柔らかいワイン × 酸味の強い料理

例）シャルドネ（樽熟成）とピクルス

オークドシャルドネ（樽熟成）は、同じシャルドネ種から生まれたワインながら、シャブリとは対照的な味わいのワインに仕上がります。樽熟成することで酸味がまろやかになり、果実味やコクが増すからです。一方のピクルスはピリッとした強い酸味が持ち味。料理とワインに共通点を見つけるのが法則とはいえ、「酸×酸」でも、お互いの味わいを相殺してしまう組み合わせです。

● あらゆるワイン × 魚卵の加工品

例）数の子、キャビア

例えば、数の子とピノ・ノワール種の赤ワインの組み合わせ。数の子、そしてキャビア等、魚の卵系は、最もワインとのマリアージュが難しい食材です。数の子をひと口、次にワインを口に含むと、生臭さが口中に広がってがっかり。そんな経験をされた方も多くいらっしゃるはず。一説によると、ワインに含まれる鉄分が魚介類の過酸化脂質に作用すると、生臭さを感じさせるにおい成分が発生するのだとか。フランス料理、イタリア料理には魚介類を使った料理が多いのですが、なぜ、ワインとマッチするかというと、オリーブオイルやバターなど油分が多く使われているからです。口の中で生臭さを感じさせるにおい成分が発生しても、油分があることで嗅覚がにおいを感じにくくなると言われています。

ですから、渋みの少ないピノ・ノワール種の軽めの赤ワインはもちろん、渋みのしっかりした重めのカベルネ・ソーヴィニヨン種の赤ワインも、鉄分の少ない白ワインでさえ、数の子をそのまま合わせていただくのは難しいのです。

○シャブリと生がきの相性がいいと言われる理由

それは、生がきに搾るレモンの酸による効果です。魚介類の生臭みを強い酸で消し、「酸味」というワインとの橋渡しを作ることで、ベストマッチングな味わいが生まれるのです。

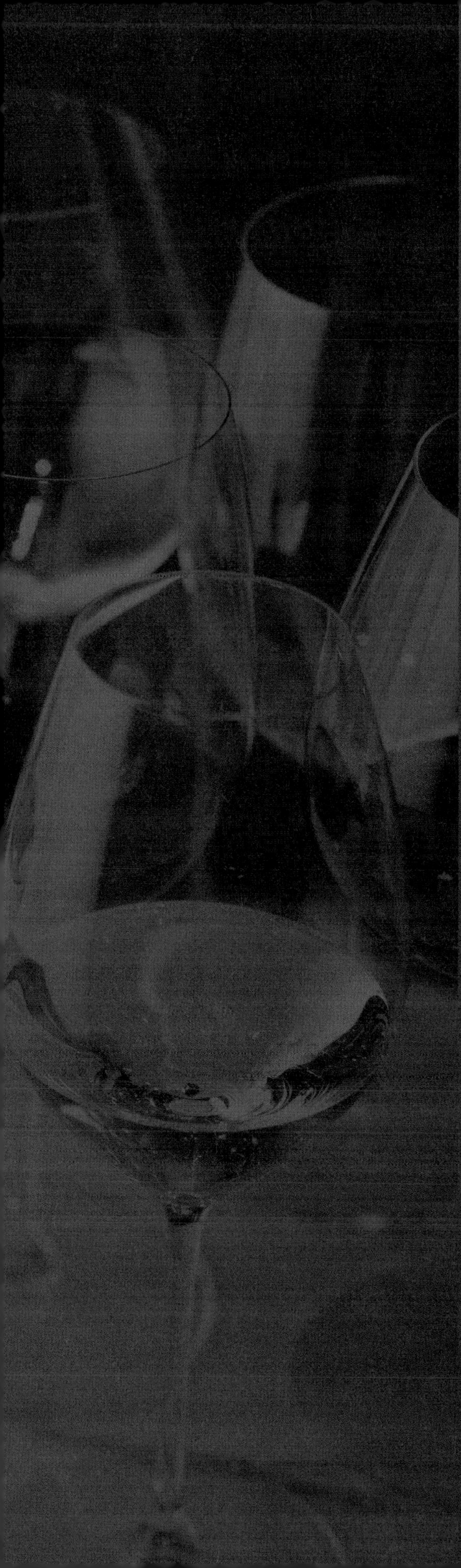

Part

3

ワインを楽しむ

Wine Enjoyment

お家でワインを楽しむとき、とくにホームパーティーではコルク栓を抜いて、注いで、乾杯して……そのひとつひとつをスマートに振る舞いたいものですよね。ワインを美味しく飲む温度やグラスを割らないための洗い方、拭き方など、ワンランク上のテクニックもご紹介します。

Wine Enjoyment 1

ワインを美味しく飲むために～保管法と適温

ワインを美味しく飲むための３条件……。
「保管状態がよいこと」「適切な温度で飲むこと」「ワインに合ったグラスで飲むこと」については、Part 1で、すでにお伝えしたとおりです。
ワイングラスについてはPart1でご紹介しましたので、
ここでは、そのほかの2つの条件についてポイントをまとめておきましょう。

Q 最適な保管状態とは？

温度

20℃以上になるような比較的あたたかい場所、また急激な温度変化を伴う環境での保管は避けましょう。

日光

直射日光はワインの劣化を早めます。日当たりのよい場所での保管は避けましょう。

振動

移動の際など、大きな揺れにより、ワインの繊細な味わいが損なわれます。持ち運びの際、ちゃぷちゃぷと液体が音を立てるような手荒な取り扱いは厳禁です。また冷蔵庫内の細かい振動もワインの劣化をまねくとされますので、長期間の保管はなるべく避けましょう。

湿度

長期の保管に際しては、湿度も重要な要素となります。コルクの乾燥は、ワインの劣化をもたらしますので、ある程度湿度の高い環境（70％程度）で保管しましょう。

Q ワインを味わう際の適切な温度とは？

ワインを飲むときには、まず、冷やすことから始めましょう。

パーティーなどでは、氷水を張ったアイスクーラーでシャンパーニュや白ワインを冷やすと、目にも涼しげで場も華やぎます。氷水にワインボトルをネックの部分までしっかりと浸けた場合、おおよそ1分で1℃ほど温度が下がりますので、外気温と冷やしたい温度の温度差と同じ分数を目安に冷やすとよいでしょう。一旦冷やすことで、その後の温度コントロールがしやすくなります。

ワインのタイプ別飲み頃温度

重たい赤ワイン

16～18℃

高めの温度によって、複雑で豊かな香りが広がり、豊富なタンニン（渋み）が柔らかくなります。

中程度の重さの赤ワイン

14～16℃

コクのある白ワイン

12～14℃

こってりとした重厚感のある白ワインや熟成した白ワインなどは、冷やしすぎると、ワインの持つ複雑な味わいを感じにくくなります。

軽い赤ワイン
ロゼワイン

10～12℃

軽い白ワイン

8～10℃

豊かな酸味が持ち味の爽やかな白ワインは、冷やしてすっきりとした印象を楽しみましょう。

シャンパーニュ

6～8℃

美しい泡立ちをゆっくり楽しむためにも、しっかりと冷やして楽しみます。スペシャルキュヴェなどはやや高めの温度で。

「赤ワインは常温で…」の落とし穴

赤ワインは常温で味わうのが最適、という鉄則。日本においては、少し誤解されて伝わっているようです。なぜなら、ヨーロッパでいうところの常温（室温）とは、ワインの生産者のカーヴ（地下蔵）内の温度を指しているからです。あるいは、その昔、石造りのひんやりとした居城内での室温を想定しています。

表でも示したとおり、赤ワインの飲み頃温度は軽めのものから重めのものまでを含んだとしても、14～18℃程度。日本の気候における、一年を通しての室内の常温をおおよそ20℃程度と想定すると、やや低め、半そでではひんやり感じる程度の冷たさが最適な温度なのです。

冷やした後の飲み頃の目安は？

スパークリングワインや甘口ワイン、またすっきりタイプの辛口白ワインは、時間をあけず、冷やした直後の状態が飲み頃となります。いっぽう熟成感のあるこってりした白ワイン、軽めの赤ワイン、豊かな酸味の赤ワインは、冷やした後、お好みで10～20分ほど常温の状態において、ややひんやりした状態（10～16℃）でいただくのがおすすめです。渋みの強いフルボディタイプの赤ワインは、冷やした後、30～40分ほど常温におき、時間をおいてから飲み始めるとよいでしょう。

※時間はあくまでも目安です。季節や室温設定によって変わります。

Wine Enjoyment 2

はじめてのソムリエナイフ使い ～スタイリッシュなコルク栓の開け方

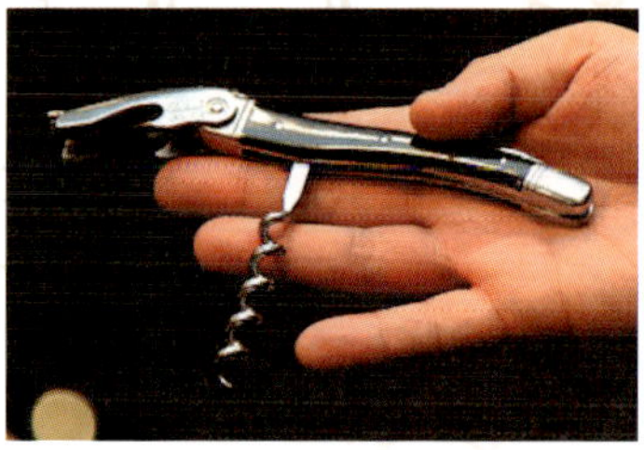

扱いが難しいと思われがちな、ソムリエナイフの使い方。
コツさえつかめば、自宅でもソムリエナイフを使って
スマートにコルク栓を開けることができます。

1 キャップシールをはがすときは、ボトルを固定したままがスマートです

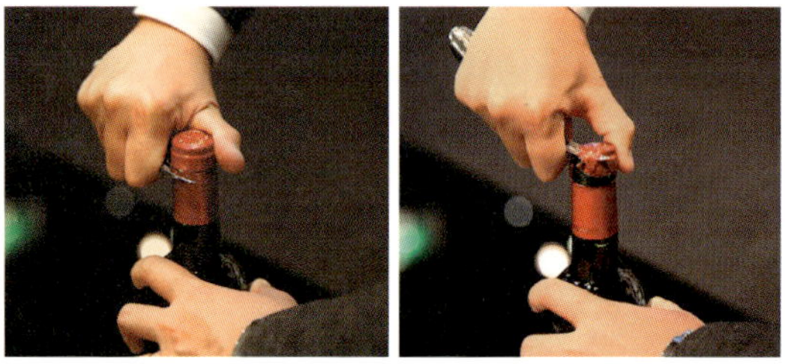

ボトルの首（出っ張りの下の部分）にソムリエナイフの刃を当て、まずはキャップシールに半周、水平方向に切り込みを入れます。熟成したワインの場合は、ワインの澱が舞わないように、ボトルはパニエ（かご）内で固定した状態で抜栓します。半周分の切り込みを入れたら、ソムリエナイフを持ち替え、残りの半周分に切り込みを入れます。ひとまわり切り込みが入ったら、キャップの下から上に向かって縦方向に切り込みを入れ、刃先で切り取った上部を切り離します。

2 最初は45度ほど寝かせて、後半は垂直に！

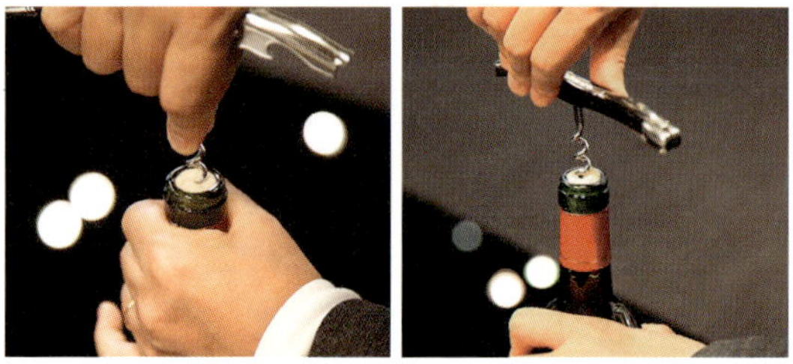

次にコルクにスクリューを差し込みます。スクリューの先端はらせんを描くように巻き込んだ形状になっていますから、真上から差し込もうとするのは避けましょう。スクリューを45度ほど寝かせた状態から差し込み、ゆっくりと回しながら垂直方向に起こしていきます。さらに深く回していくと、少しコルクの中心からずれているように感じられますが、ズレの違和感をおぼえても問題ありません。その違和感こそが、中心を進んでいる証拠です。スクリューを深く差しすぎると、コルクを突き抜け、コルク片がワインに落ちてしまうこともあるので注意しましょう。

3 テコの原理を使って奥に押し出すように

スクリューがコルクに上手に収まったら、ソムリエナイフのフックをボトルの口に引っかけ、フックがはずれないようにしっかり押さえながら、レバーを持ち上げます。「手前から奥に押し出す」感覚で素早くレバーを持ち上げるのがコツ。テコの原理を使えば、女性でも簡単に抜栓できます。

4 最後は手でゆっくりと

長めのコルクの場合などは、テコの原理で最後まで引っ張り上げようとすると、途中でコルクが折れてしまうことがあります。テコの原理でコルクの半分以上を引っ張り上げたら、表に顔を出したコルクを指でつかみ、左右に揺らしながら徐々に引っ張り上げましょう。ここまできたら後は簡単です。コルクの残りの部分をゆっくりと手で抜いていきます。古いワインはコルクがもろくなっていることもあるので、やさしく引き抜きましょう。

Wine Enjoyment 3

シャンパーニュ、音を立てないスマートな開け方 4つのポイント

一年を通し、お祝いの席など様々なシーンに華やぎを添えてくれるシャンパーニュやスパークリングワイン。
ポーンという抜栓の音がその場を盛り上げてくれる場合もありますが、
シーンによっては音を立てない、「スーッ」とガスを抜くような開け方がおすすめです。
「天使のため息」と呼ばれる、エレガントな抜栓法です。

1 冷えたボトルを斜めに持つ

あらかじめボトルは冷やしておきます。年代物のシャンパーニュなどはあまり冷やしすぎないほうが風味を味わいやすくなりますが、若々しく辛口のスパークリングワインでしたら、しっかり冷やしておきましょう。ワインの液体からのガスの湧出が抑えられますから、抜栓後に泡が噴き出てしまうのを防ぎやすくなります。急激な泡立ちを抑制するため、抜栓時には、ボトルを斜めに傾けながら持ち、ネック部分のワインの液面がより大きくなるように調整します。液面積を広くとることで、泡が出すぎてしまうのを防ぎます。

2 常に栓はしっかりと押さえる

キャップシールを切り取って、コルクを固定しているストッパー(ワイヤー)をはずしたとたん、コルクがボトル内のガス圧に押されてスポーンと飛んでしまうこともあります。そのため、コルクが飛んでしまわないように、ストッパーをはずし始めるところから念のためコルクのヘッド部分にしっかりと手を添え、押さえておきましょう。

3 栓を回さず、ボトルを回す

ここから、すこし握力が必要になります。利き手の反対側の親指でコルクのヘッド部分を押さえながら、中指、薬指、小指でボトルの首の部分をしっかり握ります。この状態で、ボトルをゆっくりと回します。

ポイントは、小さい力で効率的に。栓を回さず、ボトルを回すこと

少し緊張感に満ちた儀式が終わり、シャンパーニュの華やかな香りがあたり一面に漂ったら……抜栓したホストも、それを見守るゲストも、「フッ」と肩の力が抜ける瞬間。さぁ、パーティーのはじまりです！

4 コルクのヘッド部分をしっかり押さえながら抜く

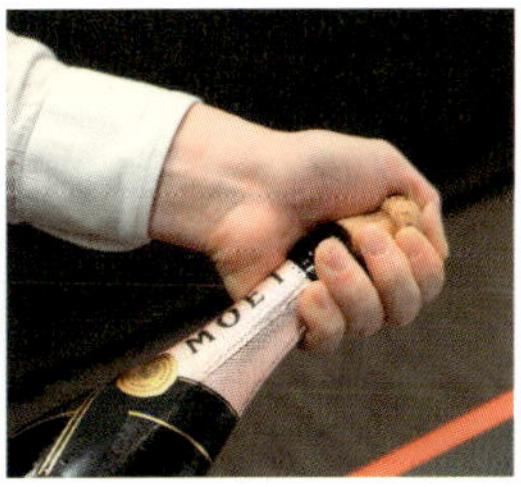

多くの場合、ボトルを少し回したところで、ボトル内のガス圧によってコルクが少しずつ上がってきます(このとき、コルクのヘッド部分を親指でしっかりと押さえていないと「ポンッ」とコルクが抜けてしまいます)。コルクが抜けそうになってきたら、ボトルを少し傾けるようにすると、コルクとの間にさらに隙間が生じます。そこからガスを抜きます。ワインの中に眠っていたガスが「スー」と静かな音を残しながら解放されてゆきます。それからコルクを抜きましょう。

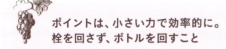

Wine Enjoyment 4

指先まで緊張感を。スマートなワインの注ぎ方・注がれ方

日本では、ワインも注ぎ合うものと思われがちです。
実のところ、ワインボトルは、多くの人の手に扱われるのを好みません。
会食の席でもホームパーティーでも、原則、ホスト（決まったサーバー）など決まった人が
ワインボトルを扱うスタイルを取るほうがスマートです。ソムリエのいるレストランでは、
たとえグラスが空になったとしても、ソムリエ以外の人がボトルに触れることは避けたほうがいいでしょう。

≫ スマートにワインを注ぐためのコツ

1 片手で、エレガントに

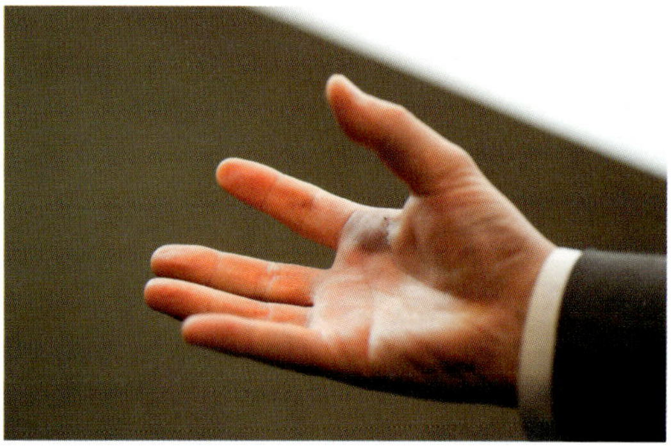

片手でボトルを差し出すソムリエの身のこなし。ワインを注ぎ終わるまでの一連の所作は流れるようで、非常にエレガントに感じられます。ソムリエが片手でボトルを持つのは、狭い隙間でもお客様と接触しないようにという気遣いでもあります。いずれにせよ、注がれる側としても、両手よりも片手でサーブされるほうが、スマートな印象を受けるもの。なるべくなら片手でのサーブを意識してみましょう。人差し指から薬指の3本指でボトルを下から支え、親指で上から押さえます。小指はややサイドに添えて、ボトルを安定させるような感じに。

※一番大切なのはワインをこぼさないこと。ボトルをキープする力に自信のない方は、無理をせず両手でサーブしましょう。

2 ボトルの底を持ち、ラベルを上に向けましょう

エチケット（ラベル）はワインの顔です。片手にせよ両手にせよ、ボトルを持つ際は、エチケットが隠れることのないよう手を添える部分に注意しましょう。片手で持つ場合は、ボトルの底を手のひらで包み込むようにつかむといいでしょう。そうすることで安定性も増します。その際、エチケットが上向きになるよう意識することが大切です。

スマートにワインを注いでもらうために

ちなみに「ワインを注いでもらうときはグラスを持ち上げない」のが基本マナーです。グラスを持ち上げない理由としては、多くのワイングラスが卵形で、注ぎ口となるグラスの飲み口が比較的狭いため、持ち上げることで不安定になりボトルとの接触が起こりやすくなるためなどがあげられます。テーブルに置いたままの場合でも、ついグラスを注ぎ手側に近づけようとしがちですが、それも控えたほうがいいでしょう。ワイングラスは比較的背が高く大きいため、ボトルだけでなくグラス同士の接触、もしくは転倒等のトラブルが起こりやすいからです。ですから、注がれる側の振る舞いとしては、ホスト（サーバー）の所作をただ静かに見守っているほうが賢明です。いちばん安全かつエレガントな所作に見えるでしょう。

3 静かに注ぎます

最初の一杯は、ボトルから勢いよくワインが流れ出やすいので慎重に注ぐことが大切です。ボトルをゆっくりと傾け、丁寧に注ぎます。注ぐ際、グラスのふちにボトルが接触しないよう注意しましょう。

4 ボトルの底側を数センチ下げて、ワインの流れを止めます

最後に、ボトルの注ぎ口を固定しながらボトルの底側を「すっ」と数センチ下げるようにしてワインの流れを止めます。しずくが落ちないことを確認して注ぎ口をトーション（ソムリエなどがサービスの際に使用する大判のナプキン）で拭います。トーションを使用しないときには、落ち着いて手首をひねり、ボトルを回しながら持ち上げると、しずくが垂れるのを防ぐことができます。

Wine Enjoyment 5

注ぐ適量とスワリングについて

ボウル部分の大きなワイングラスほど、注がれるワインの量がなんだか少なく感じられることはありませんか？
「もっと注いでほしいな」……。
心の中でつぶやいてしまった方も多いかもしれませんが、ワインの液体で満たされない空きスペースこそ、香りを引き出すためには不可欠なスペースになります。
ワインの香りを楽しむためには、グラスにワインを注ぎすぎないことがポイントです。

ワインを注ぐ量

一番丸みのあるところを基準として1cm下ぐらいまでが適量。
大きなグラスなら2cm下ぐらいまで

赤ワイン
約120～150cc
白ワイン
約90cc

グラスの形状はワインのタイプ（ぶどう品種）ごとに様々。ステム（脚）の有無も注ぐ容量に影響をもたらしますので、グラスの容量よりも、グラスのどの位置までワインを注ぐのかが重要です。

ワインを注ぎすぎないことから生まれるグラスの中の広い空き空間。そこでは、ワインが充分に空気と接触することにより、そのワインの持つ独特のアロマが正確に再現されるのです。

スワリングの基本

グラスに注いだワインを空気に触れさせて、眠っていた香りを開かせるためのスワリング。

ソムリエが行う分析的なワインテイスティングでは、グラスを空中に持ち上げ、台座部やステム（脚）を持って勢いよく、くるくる回すスワリングを見せてくれます。たしかにカッコいいテクニックですが、慣れていない方は無理をせず、机の上で小さく素早く円を描くように回してあげるだけで、ワインと空気が充分に触れ合い、香りが立ちのぼってくるはずです。

ポイントは回した後の 液面の膜

丸みのあるグラスでワインをスワリングすると、ワインがグラスの内側をなめるように大きく回り、ワインの膜を張ります。大きなグラスになればなるほど、膜の表面積は大きくなり、それだけワインに触れる空気の量が多くなるのです。ただし、長期熟成を経たヴィンテージワインのスワリングには注意が必要です。スワリングのしすぎにより、ワインが必要以上に空気に触れすぎて、香りのピークを越えてしまうことがあるからです。

ヴィンテージワインや、泡を失いたくないスパークリングワインなどの香りを引き出すには、「最もソフトなスワリング」法が有効です。グラスを45度ほど傾け、その角度を保ちながらグラスを回転させます。台座を回したり、ボウルのお尻をテーブルにのせながら回転させるだけで、くるくる回すスワリング同様、ボウル内壁にワインの膜が張り巡らされ、香りが引き出されやすくなります。

Wine Enjoyment 6

乾杯の仕方とグラスの持ち方

気の置けない友人や家族と、もしくはビジネスディナーのシーンで……。
ワインを楽しく味わうためのエチケット、ノウハウについてもご紹介しておきましょう。

乾杯のシーンでは……

薄いガラス製の大ぶりグラスでの乾杯は、やや緊張しますよね。でも、乾杯のコツさえつかめれば心配はありません。基本的には、グラスとグラスを触れ合わせずに、心もちグラスを持ち上げ「乾杯」するのがセオリーです。

ただ、どうしてもグラスが触れ合う音を楽しみたいときには、相手（ゲスト）とグラスを合わせる際、ボウルの最もふくらんだところ同士を軽く当てるようにしましょう。その部分は、繊細な飲み口と比べ、比較的ガラスが厚い部分です。薄い飲み口部分を触れ合わせる乾杯の方法は厳禁です。

乾杯は、コミュニケーションのとてもよいきっかけにもなります。グラスを触れ合わせることよりも、視線を合わせることを意識したいですね。

正しいグラスの持ち方

原則、ステム（脚）のあるグラスを持つ場合、直接ボウルの部分に触らないようにしましょう。ステムを持つときは、真ん中か、あるいは、中心よりも下のほうを持つのが基本です。ステムの上のほうを持つとグラスが重く感じられ、ワインを飲む姿からスマートさが失われます。手にしている姿も、周囲にあまり美しい印象を与えません。

ミディアムボディ、フルボディとは そもそもどういう違いがあるの？

ワインを語る言葉としてよく使われるのが、「ボディ」という言葉です。「ライトボディ」「ミディアムボディ」「フルボディ」と、大きく3つのタイプに分類され、どちらかというと赤ワインの風味を表現するのによく用いられます。この「ボディ」とは何を意味するのでしょう……これは人によって各々で、厳密に正しい答えがあるわけではありません。

具体的には、果実味の凝縮感、アルコール度数、味わいの余韻の長さ等の要素を総合的に表現する言葉ですが、あえてシンプルに表現するとすれば、ワインの持つ「ボリューム感」ということになるでしょう。例えば、果実味の凝縮度やアルコール度数が高く、味わいの余韻の長いワインの場合、ボリュームがあるワインとして、「フルボディ」と表現されやすくなります。

そもそも『フルボディ full-bodied』とは、英語圏では「密度の高い」という意味で使われます。名詞的に分析すれば、「bodied」とは「body」……つまり「体」を意味します。そこから、ふくよかな、豊満な、グラマラスな美女が想定され、ワインの味が女性の身体に例えて表現されるようになったのかもしれません。男性を想定するならマッチョなイメージというところでしょうか。

フルボディ	温暖な気候の地域で造られる味わいの凝縮した重めのタイプのワイン。アルコール度数が高く豊かな渋み（タンニン）、厚みのある甘み（果実味）などが感じられるのが特徴。カベルネ・ソーヴィニヨン、シラーズなどのぶどう品種で造られる赤ワインは「フルボディ」と表現されるものが多く見られる。中でも、ボルドーの赤ワインはフルボディの代表格。白ワインでも、樽発酵させたシャルドネ品種産のこってりとした仕上がりのものを「フルボディ」と呼ぶ人も。
ミディアムボディ	フルボディとライトボディの中間的な味わいに位置するワイン。アルコール度数、酸味、渋み、甘み（果実味）ともに程よいバランスが特徴。ピノ・ノワール、サンジョヴェーゼ（キャンティワインが造られる）種で造られた赤ワインなどがあげられる。
ライトボディ	渋みも少なく、果実味に比べて酸味もそれほど強くない軽い味わいのタイプのワイン。アルコール度数は低めのものが多い。赤ワインならテーブルワインなど、気軽に飲めるものを呼ぶことが多い。白ワインならソーヴィニヨン・ブランや甲州などのぶどう品種で造られるものを指すことが多い。

Wine Enjoyment 7

目で見る、香りを知る、味を利く。テイスティングの基本とは？

ワインの味わい方のひとつに「表現」する楽しみがあります。
テイスティングでは、様々な言葉やキーワードを使ってワインの個性を語り尽くします。
自分なりの言葉でワインを語る楽しみを探ってみてはいかがでしょう。
まずはワインの色とアロマの要素について、基本を学んでおきましょう。

ワインの色について

ワインの色は、熟成年数、凝縮の度合い、醸造方法に大きく左右されます。通常、ぶどう品種とワインの色との関係は以下のカラーチャートのようになりますが、必ずしもこの色に限定されるわけではありません。一般的に熟成年数の短い若い赤ワインはすみれ色や紫色をしていますが、熟成が進むと芳醇な深紅色（ガーネット）に変わっていく傾向があります。

ワインのカラーチャート

上は色み、下はその色みを帯びた主なワインのタイプ、およびぶどう品種を示しています。

白ワイン

灰色がかった黄色
ピノ・グリージョ

緑色がかった黄色
ソーヴィニヨン・ブラン

淡い黄色
コロンバール、
グリューナー・フェルトリーナー

レモンイエロー
リースリング、ゲヴュルツトラミネール

明るい金色
シュナン・ブラン

ゴールデンイエロー
シャルドネ、ヴィオニエ、セミヨン

金色
デザートワイン

茶色がかった黄色
シェリー、熟成したブルゴーニュの白ワイン

琥珀色
ヴィンサント、トカイ

茶色
マラガ、マルサラ

ロゼワイン

玉ねぎの皮
ロゼ・シャンパーニュ

サーモンピンク
シラーのロゼ

ラズベリー
グルナッシュのロゼ、
ホワイト・ジンファンデル

赤ワイン

鉄
熟成したグルナッシュ

れんが
成熟したピノ・ノワール、
熟成したボルドー

深紅色
カベルネ・ソーヴィニヨン、
メルロー、ネッビオーロ

ルビー
熟成年数の短いピノ・ノワール、
テンプラニーリョ

ブラックチェリー
サンジョヴェーゼ、ジンファンデル

紫
バルベーラ、アマローネ

黒味を帯びた赤
シラー、ヴィンテージ・ポート

簡単なテイスティングの方法とは?

テイスティングの基本は「顔の上から順に」です。顔の上から順? そうです。顔の中の感覚器官である目(視覚)、鼻(嗅覚)、口(味覚)のうち、いちばん上に位置する視覚から始めてください、ということです。レストランでのホストテイスティングも、この手順で行うとスマートですので参考にしてください。また、ワインをより分析的にテイスティングしたいときには、グラス形状やワインの温度等の条件は一定に揃えることも大切です。

1 「目」… ワインの外観を見る

グラスに少量のワインを注ぎ、前方へ45度ほどグラスを傾け、テーブルクロスなどの白地(無色)を背景にワインの外観を観察します。ワインの色を判断する際には、78ページのカラーチャートを参照ください。これらのワインの色調からは、ワインの熟成度合いも確認することができます。これから飲むワインがどんなお年頃なのか、思いを巡らせてみましょう。

2 「鼻」… ワインの香りを知る

次は香りです。いきなりスワリングをしてはいけません。まずは、グラスに注がれたワインの液面から自然に立ちのぼってくる香りを確認します。ワインはぶどうから造られるお酒ですが、レモンやグレープフルーツなどの柑橘系やすみれやバラなどのフローラル系、シナモンなどのスパイス系、樽からくるバニラや香ばしい香りなど、様々なものに例えられる複雑な香りを楽しむことができるのも魅力のひとつです。ワインから立ちのぼった香りからどんなイメージが湧き出るか、第一印象を楽しんでみましょう。

その後、軽くスワリングすることで、グラスの中での香りの変化を確かめます。第一印象とは異なる香りが感じられるはずです。

いっぽう、香りはワインの状態を見極める判断材料にもなります。カビ臭いあるいは埃っぽいなどの不快な香りがなければ大丈夫。もし不快に感じる香りがあっても、グラス形状を変えることで気にならなくなることもあります。レストランなどで、万が一、「おやっ」と疑問を感じたら、すかさずソムリエに意見を聞くのも勉強になります。

3 「口」… ワインの風味を利く

ひと口ワインを口に含み、舌先、舌の中程、そして後部での感じ方を意識しながら、しばらく口の中全体で味を確かめます。ワインを飲んだ瞬間に感じた印象、果実味、酸味、渋み、苦み、口あたり、フィニッシュ(後味)を確認するようにして味わいます。硬いのか柔らかいのか、軽やかな印象なのか重い印象なのか、さらっとした舌触りなのか、ねっとりとした質感を感じるのか。口に含んだ直後はボリューム感をあまり感じなかったけれど、飲み込んだ後の余韻が続いたなど、自分なりの印象を見つけることがとても重要です。

※何杯ものワインをテイスティングする際には、口に含んだワインは飲み込まずに一杯ごとに吐き捨てます。酔いが回りテイスティング能力に悪い影響が出るのを防ぐことができます。

4 飲み終わった後のグラスの香り

空になったグラスの残り香を確認してみるのも面白いものです。ワインが作ったグラス内壁の膜に残った微量のワインとグラスいっぱいに広がった多量の空気が触れ合うことで、それまで隠れていた香りが顔をのぞかせる場合もあります。

5 ワインの総合評価

最終段階ではワインの複合的な要素、バランス、熟成の度合いを評価します。テイスティング中に感じた相対的な印象が最も大切です。

Wine Enjoyment 8

1週間美味しさ長持ち。開けたワインを上手に保管するための意外な方法

さて、自宅で開けたワイン。皆さんは飲み残したワインをどうされていますか？
「一度栓を抜いたワインは、その日のうちに飲みきらなくてはいけない？」
答えはNOです。正しく保管し「酸化を抑える」ことで、数日〜1週間程度は美味しく飲むことができます。
ご家庭で簡単にできる、おすすめの保管方法を3つご紹介しておきましょう。
共通するのは、劣化の大敵「酸素」からワインを守ることです。

『ポンプ』で酸素を吸い出す

ボトル内の空気を専用のポンプで吸い出すことで、ボトル内部に真空状態を作り出し、ワインと酸素の接触を防ぐ方法です。

市販で手に入るツールとしては手動タイプのものが一般的で、価格はおおよそ2000円程度。最近では電動タイプのものも売られています。手軽でコストパフォーマンスに優れた方法です。比較的、短期間の保存に向いています。

『ガス』でワインの液面に蓋をする

酸素より比重の重いガス（窒素、二酸化炭素など）をボトル内に注入することで、新たな蓋（栓）としてガスを活用する方法です。酸素がワインの液面に触れるのを防ぐことができます。

ワイン専用の無臭ガスは1本1500〜2000円程度で市販されています。ガスを注入したあとは、できるだけボトルは静置するようにしましょう。

『小瓶』に移して酸素を追い出す

最もお手軽でコストのかからない方法です。用意するものは、きれいに洗って保管しておいた、ハーフサイズなどのワインボトルやスパークリングワイン、もしくは日本酒などの小瓶類。ワインが残りそうだな、と思ったときは、栓を抜いてからすぐに、これらの小瓶に移しておきます。コツは「抜栓後すぐに」「ワインが小瓶いっぱいになるまで注ぐ」こと。小瓶内にはワインが満たされ、ほとんど空気が入らなくなりますから、3つの方法の中で最も劣化を抑えられる方法だといえるでしょう。

準備ができたら冷蔵庫へ

準備ができたら冷蔵庫で保管しましょう。

Q 冷蔵庫は ワインの保管に向かないと 聞いたのですが……

答えはYESです。

ただしそれは、ワインの熟成を目的に長期間保管するときのお話です。長期間にわたる振動や電気による光等、ワインにとって不健全な環境での劣化を避けたい場合です。

ワインを飲みきるまでの短期間（1週間程度）での劣化を抑えるには、まずは高温と直射日光を避けることが重要です。発泡スチロールの箱に保冷剤を入れて屋内の冷暗所に保管するか、一般家庭では冷蔵庫を使用するのがよいでしょう。

※ワインの保管に最適なワインセラーなどがない場合を前提としています。

ポイントはボトルを立てて保管すること

750㎖サイズの瓶で保管する場合、ボトルを横にして保管すると、どうしてもワイン液面の表面積が広くなり、瓶内にわずかに残った空気との接触部分が大きくなってしまいます。

カーヴ（地下蔵）やワインショップで横に倒してワインが置かれているのは、長期間の保管を見積もってのこと。横に倒すことでコルクが乾燥しないように、あえてワインの液面をコルクに触れさせているのです。

ですから、家庭における短期間の保管であれば、立てたままの状態でも問題はありません。

Q どれぐらいの期間、保管できますか？

3つめの小瓶に移し替える方法であれば、1週間は充分に「美味しい状態」で保管できます。

ただし、ワインの酸化スピードは、ワインのタイプによって異なりますのでご注意ください。ボルドーやニューワールド産のカベルネ・ソーヴィニヨンなど、フルボディタイプでもまだ若く熟成されていない赤ワインは、むしろ栓を開けてから2～3日目あたりが飲み頃になる場合もあります。ワインのタイプごとに適切な保管方法を利用しましょう。

Wine Enjoyment 9

もう割らない！
ワイングラスの正しい洗い方のポイント

そのポイントをご紹介しましょう。

1

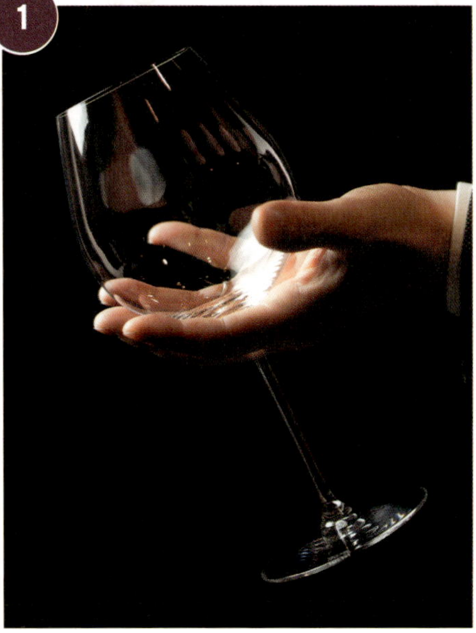

まずは、ワイングラスを正しく持つ

手の指を開いて、人差し指と中指の間にステム（脚）を入れます。そして手のひら全体でボウルをやさしく包み込むようにすると、グラスがしっかり安定します。常に意識してこの持ち方をするようにしましょう。

2

スポンジを縦方向に動かす

特に繊細な飲み口の汚れは、スポンジを縦方向にやさしく動かして洗うのが基本です。「軽い力で、何度も」洗うようにしましょう。

そのほかにも、以下の3点を大切にするとよいでしょう。

- ◆ ぬるま湯でグラスを洗浄しましょう。
- ◆ 洗剤を使用する場合は中性洗剤を使用し、入念にグラスをすすぎましょう。
- ◆ ガラス表面の水滴が乾燥すると、水に含まれるミネラル分が結晶化した「ウォータースポット」が白く残ります。一度生じた「ウォータースポット」はきれいに取り去ることが難しいため、グラスの洗浄後に表面に残った水滴はきれいに拭き取ります。

ステム（脚）と飲み口を持って、ひねるようにして洗ってしまい、ステムが…ポキッ…。
薄いガラス製の飲み口をスポンジで挟んで洗っていると……つい力が入ってしまったのか、パリン！
洗浄の際、ワイングラスを割ってしまったという経験、誰もが一度はお持ちかと思います。
デリケートなワイングラス。「ねじれ」の力に弱いので、以下の洗い方を実践してやさしく扱いましょう。
「ねじれ」の力を加えなければ、大切なワイングラスの寿命は大きく延びるはず。

注意！

特に薄い飲み口は注意！

薄い上に汚れが目立つ飲み口は、特に注意が必要です。スポンジの上から指で挟んだり、内側を洗うときに手を大きく開いて飲み口に力をかけるのはやめましょう。「ねじれ」の力や圧力がかかることで、グラスが割れやすくなります。

繊細なつくりの高価なワイングラス……。手洗い？それとも食器洗浄機？

自宅にワイングラスを固定するフック機能がついた食器洗浄機をお持ちでも、ワイングラスだけはわざわざ手洗いにしている、という方が多いかもしれません。

実はフック付きの食器洗浄機のほうが、ワイングラスの破損の確率が低いことをご存知でしょうか。フックでしっかりとグラスを固定すれば、手洗いよりもより安心してお手持ちのワイングラスを洗浄することができます。もちろん、粉末、液体、タブレットタイプなど市販されている食器洗浄機用洗剤の使用も可能です。

※他の食器と分け、グラスのみでの洗浄を推奨します。グラスとグラス、また他の食器やカトラリー（特に金属製）との接触は、破損の原因になりやすいからです。また、ワインクラスを固定するフック機能がない食器洗浄機の場合には、転倒及び破損のおそれがあるため、原則、食器洗浄機でのグラス洗いはおすすめできません。

Wine Enjoyment 10

ワイングラスはよく割れる？
グラスの安全な「拭き方」伝授します！

≫ そのポイントをご紹介しましょう。

1

両手にそれぞれクロスを持つ

まず、グラスを拭く際には、大きめのクロス（できれば2枚）を用意するようにしましょう。大きなクロスを利用することで、指先が直接グラスに触れにくくなるため、指紋や手垢の付着を防ぐことができます。クロスの材質は、マイクロファイバー製のクロスや、毛羽の立ちにくい使いこんだリネン（麻）のクロスなどがおすすめです。

2

まずは台座とステムを拭く

両手で台座をしっかりと持ち、台座を回すようにして拭きます。さらに一方の手で台座を持ち、もう一方の手でステム（脚）を上下に擦るようにして拭き上げます。

3

グラスを固定する

次にボウル部分を拭くための準備をします。洗うときと同様、片方の手の人差し指と中指の間にステムを入れて、手のひら全体でクロス越しにボウルをやさしく包み込むようにホールドします。

洗浄のときのみならず、ワイングラスを拭く際にも破損のリスクはひそんでいます。
ワイングラスの上手な拭き方のポイントも押さえておきましょう。

4

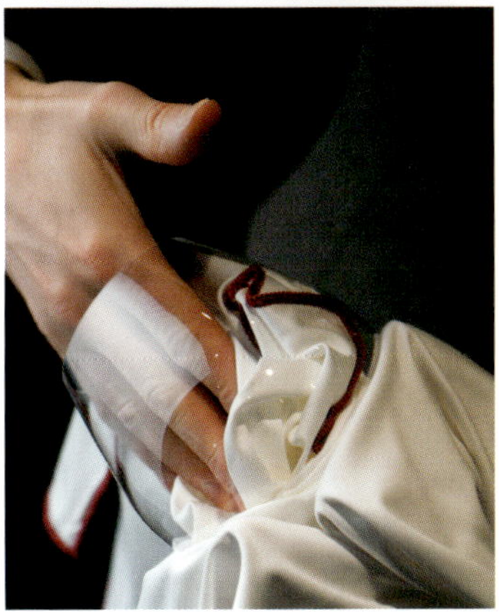

内側にクロスを入れて動かす

もう片方のクロスをボウルの中に“ふわっ”と詰め、このクロスのかたまりに指を添えるようにして3～4回やさしく回します。このとき、回す指で飲み口に余計な力を加えないよう、指をすぼめておきます。これでボウル内の水滴をほぼ拭くことができます。

5

外側を縦方向に動かして拭く

❹のクロスを取り出し、外側に沿って縦方向に動かして拭きます。

台座とボウルをそれぞれの手で持ち、両手を使ってひねったり、飲み口をぎゅっと挟んで拭いたりすると、割れたりステムが折れる原因になります。気をつけましょう。

そのほかにも、以下の４点に注意するとよいでしょう。

◆ 沸騰したお湯の湯気を当ててからグラスを拭くと、より一層輝きが増します。

◆ クロスはお湯で煮沸して殺菌したものを使いましょう。汚れた場合は、無香の石鹸で洗浄しましょう。

◆ 柔軟剤を使用してクロスを洗浄すると、表面に油脂がつきやすくなります。柔軟剤の使用は避けるほうがおすすめです。

◆ 卵形のボウル形状のワイングラスには、周囲のにおいがこもりがちです。ワインを注ぐ前には必ずボウル内の香りをチェックします。木製の棚などで保管している場合は、使用する数時間前に棚の外に出しておいたり、湯気に当ててから拭き上げるなどのひと手間をかけることで、グラスの最高の状態でワインを楽しめるようになります。

美しき曲線のデカンタを愛でる。デカンタージュの深い効用

美しいデザインのデカンタから注がれるワインを目にすると、味わいへの期待感が高まります。
ワインの味をワンランクアップさせるためのデカンタージュ（デカンティング）は、
ワインを美味しくいただくためには欠かせないステップです。
はたしてデカンタージュにはどのような役割があるのでしょう？　それは……

1 長く熟成したワインの澱を除去する

長く熟成したワインには、ボトルの中に澱がたまります。澱は、ワイン中のタンニンや色素成分が結晶化したもので、色調が濃く、タンニンが豊富なフルボディタイプの赤ワインによく見られます。澱が舞うと舌触りを損ねてしまうので、ワインを飲む前にワインの液体部分と不要な澱を分別しておかなければなりません。

ワインを長期間熟成させる場合には、ボトルを横向きに保管することが多いため、澱はボトルの底ではなく側面に沿って細長く沈殿しています。デカンタージュの際には、ボトルを横向きにしたままパニエ（かご）に挿入します。その状態を保ちながら静かに抜栓し、上澄みの液体部分だけを静かにデカンタに移します。ちなみに長期熟成後のワインの澱引きには、横幅がせまく、ワインと空気の触れる面積の少ない形状のデカンタが向いています。大切なのは澱が動かないよう注意すること。ボトルのネック部分の下からライトを当てて、澱が注ぎ口へと注ぎ込まないようタイミングを見極めます。

2 ワインに多くの空気を触れさせ、味わいや香りを高める

ワインによっては、抜栓後すぐにワイングラスにワインを注いでも、なかなか本来の香りが顔をのぞかせない場合もあります。ワイン用語で言うところの「香りが閉じている」状態です。せっかく開けたワインなのに、ワインを飲み終わる頃になってようやく本来の香りが顔を出す、というのは残念ですよね。

そこでおおいに活用したいのが、デカンタです。澱を除去するのための デカンタージュとは反対に、短時間でワインにたくさんの空気を触れさせることが目的です。

そのため、デカンタ内でワインと空気の接触する面積が広くなりやすい形のデカンタを使います。

さらには、ワインをデカンタに注いだ後でシェイクする「ショックデカンタ」という方法もあります。これはワインをデカンタ内でシェイクすることで、ワイン中に潜む二酸化炭素を強制的にワインから追い出すことを目的としたものです。ワインから二酸化炭素を追い出すことで酸味がやわらぎ、果実味が一層引き立てられます。ワインの産地では、その昔、ワインを美味しく楽しむためにボトルを振ることが気軽に行われていたそうです。

若いワインの中にはデカンタージュすることで、赤ワインならタンニンが丸くなったり、白ワインなら酸味がまろやかになったりと、味わいのバランスがよくなるものもあります。味わいだけでなく、各々のワインが持つ潜在的な香り成分も一気に開きます。

澱を除去するためのデカンタージュとは異なり、こちらのデカンタージュでは、空気によく触れさせることを目的に、あえてボトルからデカンタにワインを勢いよく注ぐ場合もあります。

美しいデカンタのデザインにも注目！

デカンタージュは、その場の雰囲気を盛り上げるエンタテインメント効果を発揮することもできます。パーティーシーンを華やいだものにするには、曲線が美しいデザイン性豊かなデカンタもおすすめです。

Wine Enjoyment 12

ラベルの悩まない読み方

ワインの顔ともいうべきラベル。正式には「エチケット」と呼ばれます。
ワイン名、産地名、生産者名、格付け（ランク）、収穫年、ぶどう品種など、
いわばワインのプロフィールともいえる情報がたくさん盛り込まれています。
さて、その情報を読み解くとなると……生産国ごとに決められたルールがある上、
フランス語、イタリア語など生産国ごとの言語で記載されているので、理解するのはそう容易ではないでしょう。
プロフィールをすべて読み解くのは難しいとしても、ポイントだけでも押さえておくことで、
以前より迷わずにワイン選びができるようになるかもしれません。

まず知っておきたい

ワインは産地別に2つの大きなカテゴリに分けられます

ヨーロッパのワイン（オールドワールドのワイン）

OLD WORLD

フランス、イタリア、スペイン、ドイツなど、
古くからワイン造りの歴史を持つ
ヨーロッパ産のワイン

【ラベルの特徴として】

国ごとに厳しい規定があり、細分化された産地（地方、村、畑）の情報がしっかりと記載されています。一方で、ぶどう品種についてはあまり記載されないため、産地ごとのワインのタイプの個性、使われる主なぶどう品種をある程度知っておくことが必要です。

ニューワールドのワイン

NEW WORLD

カリフォルニアを代表する
北アメリカを筆頭に、オーストラリアなど南半球、
チリやアルゼンチンなどの南米を主とする、
ワイン造りの歴史の比較的浅い国々のワイン

【ラベルの特徴として】

ヨーロッパのワインに比べ、ラベルの情報記載は簡潔です。ほとんどのワインに、使われた主なぶどう品種が記載されているので、ぶどう品種ごとの味わいの特徴を勉強しておくと、どのようなタイプのワインなのかイメージしやすいかもしれません。

 ラベル提供／エノテカ株式会社（p.89上、p.90、p.91上）

フランスワインのラベルは？　AOCの表記法に基づいた産地名がカギ

まずは、図Aのラベルの★表示をご覧ください。

「APPELLATION **BORDEAUX** CONTRÔLÉE」

こちらは、AOCの表記によって、ボルドー地方産のワインであることを示しています。AOCとは「Appellation d'Origine Contrôlée（アペラシオン・ドリジーヌ・コントロレ）」を略した呼び方で、「原産地統制呼称」と訳されています。「産地表示」のようなものと考えて間違いありませんが、フランス独自の法に基づいた格付け記載が義務づけられている背景から、ひと口に産地とは言えども、非常に厳密に細分化がされています。

図A

地方名 ⇨ 地区名 ⇨ 村名
⇨（ボルドー地方の場合）シャトー格付け※
⇨（ブルゴーニュ地方の場合）畑名（一級：プルミエ・クリュ）⇨ 畑名（特級：グラン・クリュ）

※メドック／グラーヴ／ソーテルヌ／サン・テミリオンの4区画におけるシャトー（生産者）格付け。ただし、シャトー格付けについては、厳密にはAOC規定に沿ったものではなく、ボルドー地方独自の規定によるものとなります。

上記のように、エリアから村へ、最後は畑の一区画にまで、格付けが上級になればなるほど、産地表示は細かく限定されていきます。

図Bのラベルの★表示も見てみましょう。

「APPELLATION **ÉCHÉZEAUX** CONTRÔLÉE」

と表示されています。ÉCHÉZEAUX（エシェゾー）は、ブルゴーニュ地方のフラジェ・エシェゾー村内にある一級畑を指しています。つまり、エリア、村のみならず、畑の一区画にまで限定された産地が記載されているのです。さらに特級畑となると、同じエリア内、ヴォーヌ・ロマネ村の特級畑ロマネ・コンティから産み出される超高級ワインがあります。ワイン愛好家でなくとも名前ぐらいはなじみのある「ロマネ・コンティ」です。

さて、産地名がわかったとしても……フランスワインのラベルを読み解くには、つまるところ、ある程度の予備知識が必要。まずはボルドー、ブルゴーニュなど有名なワイン生産地から情報収集を始めてみてはいかがでしょう。

図B

※ちなみにフランスのワインは大きく4つのカテゴリにランク分けされており、AOCワインは最上級ランクに位置づけられます。そのほかのワインは以下の通りです。

■**AOVDQS（Appellation d'Origine Vin Délimités de Qualité Supérieure）**
＝「アペラシオン・ドリジーヌ・ヴァン・デリミテ・ド・カリテ・シューペリュール」（上級ワイン）

■**Vin de Pays**
＝「ヴァン・ド・ペイ」（限定された産地で造られた地酒）

■**Vin de Table**
＝「ヴァン・ド・ターブル」（テーブルワイン）

イタリアワインのラベルは？　ひとつの銘柄に複数の造り手

長い歴史を持つイタリアワインには、産地をはじめ、造り方や糖度、アルコール度数等、
様々な分類法が残っており、ラベルのバリエーションも豊富。
こちらのラベルでは、読み方のポイントとしてひとつの銘柄に複数の造り手が存在することを覚えておきましょう。

ワイン名（ヴィラ・アンティノリ）

イタリアワインの中でも比較的親しみのあるワイン銘柄「キャンティ」。イタリア中部トスカーナ州のキャンティで生産されるワインです。中でも伝統ある限られた地区で造られるワインが「キャンティ・クラッシコ」。複数の造り手が存在し、アンティノリ社、ラ・マッサ社などが有名です。もちろん、造り手によって、同銘柄でもワインの味わいは変わります。

※フランスワインも同様にひとつの銘柄に複数の造り手が存在することがあります。

生産者名（アンティノリ社）

収穫年（ヴィンテージ）

DOCG銘柄名
「キャンティ・クラッシコ」

DOCG表示
Denominazione di Origine Controllata e Garantita

「統制保証原産地呼称」…イタリア農林省による厳しい格付け基準をクリアしたワインに与えられる認定表示。

リゼルヴァ：長期熟成表示

各々の地域の生産規定において定められた法的熟成期間を上回っているものに表示が許されます。

アメリカワインのラベルは？　造り手名がカギ

アメリカワインには、フランス、イタリアの原産地呼称統制のような厳密な産地表示の規制はありませんが、
品質について独自のわかりやすい基準を設けています。また、「造り手は誰か」を明確にアピールする点も、
アメリカらしいラベルの見せ方と言えるかもしれません。

造り手名（ケンダル・ジャクソン）

このラベルでは左上に大きく造り手のロゴと名前が記載されています。アメリカワインには、ラベルの真ん中に造り手名が大きく記載されるケースも多く見られます。88ページ右下写真ラベルのように、カリフォルニアワインの父と呼ばれる、ロバート・モンダヴィのようなスターを送りだしたお国柄が表れたアピール法です。

ワイン名（アヴァント）

ワインの味わいを記載
「フレッシュ、香ばしい、清涼感あり」

使われた主なぶどう品種名
（シャルドネ種）

品種名の記載が明確なため味わいをイメージしやすい点が、アメリカワインラベルの長所です。品種名を表示するには、記載するぶどう品種を75％以上使用するよう定められています。

産地名（カリフォルニア州）

州名を表示するには、記載する州内で収穫されたぶどうを100％使用するよう定められています。

収穫年（ヴィンテージ）

チリワインのラベルは？ 欧米の表示ルール、いいとこどり

チリワインには、原産地呼称ワインの規定が設けられており、産地名の表示には記載された産地で収穫されたぶどうを75％使用していることなどが義務づけられています。
また、ぶどう品種表示も一般的で、表示品種を75％以上使用していることが記載条件となります。
チリワインのラベルの特徴は、欧米のラベル表示法の複合型といったところでしょうか。

ワイン名（モンテス・アルファ）

産地名（コルチャグア・ヴァレー）

ここ最近、大人気のチリワイン。チリ国内に多くの有名産地がひしめき合うようになりましたが、中でもサンタ・クルスを拠点とするコルチャグア・ヴァレーは、いち早く世界中のワインファンを虜にしたチリきっての名産地と言われています。

使われた主なぶどう品種名（カベルネ・ソーヴィニヨン種）

収穫年（ヴィンテージ）

Talk about a wine glass

ワイングラス、と言われて思い浮かべる現在のグラス。それは約60年前に始まった

1958年に開発され、ニューヨーク近代美術館のパーマネントコレクションとなったワイングラス、ソムリエ ブルゴーニュ・グラン・クリュ

260年以上の歴史を持つリーデル家の10代目当主、ゲオルグ・リーデルと11代目を引き継ぐマキシミリアン

ここ最近、ワイングラスに「ボルドータイプ」や「ブルゴーニュタイプ」など、ワインのタイプ別にグラス形状があることが一般的にも知られるようになってきました。ここでは、その誕生秘話をご紹介しましょう。

ワインを美味しく飲むためにぶどう品種別にグラスを作る、という画期的なコンセプトを生み出したのは、1756年創業という長い歴史を持つオーストリアの老舗ワイングラスブランド「リーデル」社です。第二次世界大戦以前、ワイングラスの主流は厚みのあるボウルにカッティングなどの装飾が施され、口の部分が大きく広がったラッパ状のものでしたが、1950年代後半、リーデル家の9代目当主クラウス・リーデルは、あるクライアントから「斬新なデザインのワイングラスが欲しい」という依頼を受けます。

従来のワイングラスとは異なるフォルムを編み出せないものか……そこで開発されたのが、「大容量ながら口に当てた時に飲みやすいフォルム」を追究した丸みのあるワイングラスです。一切の装飾を排除し、薄いガラスにより透明性を増した、口の部分がすぼまったデザインは、これまで誰も見たことのない斬新さを持っていました。ワイングラスの形状に革命をもたらしたクラウス・リーデルの作品は、ニューヨーク近代美術館にも収められ、「美しき怪物」とまで呼ばれたのです。

一躍有名になったこのグラスでワインを飲んだワイン生産者たちの声に注意深く耳を傾けると、グラス形状がワインの香りや味わいに影響を与えることが分かりました。これをきっかけに、クラウス・リーデルは各々のワインの個性を引き出すグラスの開発に、より一層情熱を傾けていったのです。

現在、リーデル社のグラスは160種類以上にものぼります。多種多様なこれらの形状はリーデル社とワイン生産者との共同開発により生み出されています。ワインのタイプごとにグラスを選ぶ楽しみ……それは一脚の丸みを帯びたワイングラスの誕生から始まったのです。

迷ったら最初にひとつ揃えたいグラスとは？

実際にワイングラスを購入する際、目安となるポイントをまとめておきましょう。
迷ったら最初にひとつ揃えるべきグラスとしておすすめなのは……

18ページでご紹介した

さっぱり辛口の白ワイン

に向くAタイプのグラスです。

辛口白ワインはもちろんのこと、軽めの赤ワインやロゼワインにも流用でき、重宝します。

18ページのAタイプのグラスは、世界的なワイン品評会やソムリエコンクールなどでも使用される、比較的スタンダードな形状のワイングラスです。

酸味を強調しすぎず、果実味をしっかり感じやすい、汎用性の高いグラス

Q ステム（脚）付きのグラスと、ステムのないワインタンブラーのどちらかなら？

ワインをしっかり味わいたい場合はステム付きのものを、気軽に楽しみたい場合は扱いやすいワインタンブラーがおすすめです。

Q どれくらいの価格帯のものを選べばいいの？

迷ったら、ご自分が飲まれるワインボトル1本分の価格と同じ価格帯のワイングラスを選んでみるとよいでしょう。

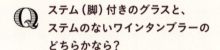

The wise remark which concerns wine

ワインにまつわる名言　ギフトカードに添えて

『シャンパーニュは、飲んでなお
女性が美しくいられる、ただひとつのワインです』

ポンパドゥール夫人

『ワインのない食事は、
太陽の出ない一日と同じ』

ヨハン・ヴォルフガング・フォン・ゲーテ

『過ぎたるは及ばざるが如し。
しかし、シャンパーニュは多すぎるくらいがちょうどよい』

マーク・トウェイン

『ワインは、私たちが手に入れられるものの中で、
最も感覚的な喜びを与えてくれるものである』

アーネスト・ヘミングウェイ

企画・構成
MAYUKO

デザイン
齋藤彩子

撮影
白水 健（Part2 料理レシピページ）
八田政玄（表紙カバー、p.2、p.72〜73、p.75〜76、
p.78〜79、p.82〜85、p.88〜89、p.94〜95）

レシピ・料理製作
白水寿美子

校正
株式会社円水社

編集部
原田敬子

協力
リーデル・ジャパン（RSN JAPAN株式会社）
ウォルフガング・アンギャル
庄司大輔
西村敏雄
白水 健
小島優子

撮影協力
リーデル青山本店
東京都港区南青山1-1-1 青山ツインタワー東館1階
電話：03-3404-4456

プロ直伝！
家飲みワイン おいしさの新法則《セオリー》

発行日 2016年4月1日 初版第1刷発行

監 修 リーデル・ジャパン
発行者 小穴康二
発 行 株式会社世界文化社
〒102-8187 東京都千代田区九段北4-2-29
電話 03-3262-6483（編集部）
03-3262-5115（販売部）

印刷・製本 凸版印刷株式会社
DTP製作 株式会社明昌堂

ISNB 978-4-418-16320-5